Judith Engst | Rolf Morrien

DEPOT-ABSICHERUNG LEICHT GEMACHT

TITEL DER SIMPLIFIED-BUCHREIHE

Wieland Arlt
Risiko- und Money-Management

Herbert Autengruber
Aktienfonds für jedes Anlageziel

Holger Bengs | Mike Bayer
Investieren in Biotechnologie

Norbert Betz | Ulrich Kirstein
Börsenpsychologie

Andreas Braun
Social Trading

Ed Downs
Die besten Chartmuster

Georg Eckert
Die Privatanlegerbibel

Judith Engst
Erben und vererben

Horst Fugger
Börsen-Lexikon

Lars Gottwik
Rainbow-Trading

Peter Hasler
Unternehmensanleihen

Markus Jordan
Zertifikate

Jay Kaeppel
Die 4 größten Fehler beim Handel mit Optionen

Dennis Metz
Devisenhandel

Markus Miller (2008)
Abgeltungssteuer – Nein danke!

David Morgan
Insiderwissen: Silber

Dr. Klaus Mühlbauer
Die 133 wichtigsten Fragen und Antworten zur Vermögensanlage

Mikael Henrik von Nauckhoff
Sicher mit Anlagemetallen

Melvin Pasternak
Die 21 wichtigsten Candlestick-Formationen

Michael J. Plos
Alles, was Sie über Day-Trading wissen müssen

Michael Proffe
Die besten Trendfolgestrategien

Stefan Riße
CFDs

Karin Roller
Kursziele bestimmen mit Fibonacci

Christopher A. Runge | Martin Užík | Konstantin von Reden-Lütcken
Alternative Wege der Unternehmensfinanzierung

Arne Sand | Max Schott
Die besten Dividenden-Aktien

Raimund Schriek
Besser mit Behavioral Finance

Daniel Schütz
Trading für Einsteiger

Daniel Schütz
CFD-Trading

Engst | Morrien
Depotabsicherung leicht gemacht

Norman Schwarze
Investieren in Gold

André Tiedje
Elliott-Wellen leicht verständlich

Michael Vaupel
Mehr Geld verdienen mit Rohstoffen

Martin Voigtmann
Geschlossene Fonds

Harald Weygand
Short Selling

Daniel Wilhelmi
BRIC ist die Zukunft

Judith Engst | Rolf Morrien

DEPOT-ABSICHERUNG LEICHT GEMACHT

Wie Sie das eigene Portfolio absichern und sogar von Kursschwankungen profitieren

FBV

simplified

Korrektorat: Anja Hilgarth
Umschlaggestaltung: Pamela Machleidt, München
Satz: Daniel Förster, Belgern
Druck: GGP Media GmbH, Pößneck

Printed in Germany

Originalausgabe, 1. Auflage 2019

Nymphenburger Straße 86
D-80636 München
Tel.: 089 651285-0
Fax: 089 652096

Für Fragen und Anregungen:
info@finanzbuchverlag.de

Bibliografische Information der Deutschen Nationalbibliothek: Die Deutsche Nationalbibliothek verzeichnet diese Publikation in der Deutschen Nationalbibliografie. Detaillierte bibliografische Daten sind im Internet über http://d-nb.de abrufbar.

ISBN Print 978-3-95972-199-8
ISBN E-Book (PDF) 978-3-96092-366-4
ISBN E-Book (EPUB, Mobi) 978-3-96092-367-1

www.finanzbuchverlag.de
Beachten Sie auch unsere weiteren Verlage unter www.m-vg.de.

simplified

Inhalt

simplified

Die simplified-Buchreihe

simplified

Vorwort

Liebe Leserin, lieber Leser,

einen Traum müssen wir direkt zu Beginn platzen lassen: Depot-Absicherung auf Knopfdruck funktioniert nicht. Es gibt nicht die eine Wunder-Formel oder das eine perfekte Absicherungsinstrument, mit dem Sie für immer und ewig alle Börsenverluste in Ihrem Wertpapierdepot vermeiden können.

Auch die Depot-Absicherung ist mit Arbeit verbunden und erfordert dauerhaft sehr viel Disziplin. Ein Wertpapierdepot ist mit der Gesundheit des Menschen vergleichbar. Wer glaubt, er könne mit viel Fastfood, reichlich Alkohol, wenig Bewegung und Mini-Einheiten Schlaf 100 Jahre alt werden, nur weil er zum Ausgleich einmal pro Monat eine »Wunderpille« aus der Werbung einwirft, wird eher früher als später ein böses Erwachen erleben.

So ist es auch an der Börse: Wer immer nur den heißen Gratis-Tipps im Internet hinterherjagt, stets voll investiert ist, das Geld bei dubiosen ausländischen Banken bunkert, weil es dort 1 Prozent mehr Zinsen gibt und in seinem Leben noch keinen Geschäftsbericht gelesen hat, der wird spätestens im nächsten Crash riesige Verluste erleiden – da hilft dann auch kein einzelnes Absicherungsinstrument als Wunderwaffe.

Dabei ist der Kern der Depot-Absicherung denkbar einfach: Investieren Sie an der Börse in Qualität! Qualität ist die beste Depot-Absicherung und lässt Sie auch mit einem reichlich bestückten Depot ruhiger schlafen. Zwar kann der Aktienkurs eines Top-Unternehmens in einem Crash durchaus für eine gewisse Zeit unter Druck geraten, doch Qualität setzt sich immer wieder durch und erreicht schnell wieder das alte Niveau und auch neue Rekordkurse. Und in der Wartezeit kassieren Sie auch noch üppige Dividenden als Trostpflaster für die kurzzeitigen Buchverluste.

Jetzt werden Sie vielleicht kritisch anmerken, dass es solche Top-Unternehmen nicht gibt oder dass man solche Aktien zumindest nicht vorab identifizieren kann. Unsere Antwort lautet: Doch, es gibt Auswahlkriterien, mit denen Sie Top-Qualität an der Börse erkennen und finden können. Und hier in diesem Buch werden wir Ihnen diese Auswahlkriterien auch vorstellen.

Als Appetitanreger ein konkretes Beispiel: Der Star-Investor Warren Buffett, der unzählige Aktionäre zu Millionären gemacht hat, leitet seit über 50 Jahren die börsennotierte Beteiligungsgesellschaft Berkshire Hathaway. In den vergangenen 54 Jahren ist der Buchwert (= Substanzwert) der Berkshire-Aktie nur in zwei Jahren gesunken – und das waren extreme Krisenjahre. In den übrigen 52 Jahren hat der Substanzwert stets zugelegt. Das Vermögen der Berkshire-Aktionäre ist immer weiter gestiegen. Sie mussten diese Aktie nur halten, um gut geschützt zu sein und reich zu werden. Welche Investment-Prinzipien das möglich gemacht haben, erfahren Sie in diesem Buch.

Berkshire-Chef Warren Buffett hat eine ganz einfache Regel aufgestellt, wie Sie eine erfolgreiche Depot-Absicherung betreiben können: »Regel Nr. 1: Verliere niemals Geld. Regel Nr. 2: Vergiss niemals Regel Nr. 1!«

Was bedeutet das ganz praktisch für Ihre Depot-Absicherung? In diesem Buch erfahren Sie:

- wie hoch Ihre finanzielle Notreserve ausfallen sollte und welchen Anteil Sie ohne Bedenken an der Börse investieren können
- warum die Risikostreuung so wichtig ist
- warum Sie in substanzstarke Value-Aktien investieren sollten
- warum Sie mit einem Sparplan genau dann richtig glücklich sind, wenn die Kurse Ihrer Aktien kurzfristig stark fallen

- warum Garantiefonds, Garantie-Zertifikate und ähnliche Produkte leider nicht das halten, was sie im Bereich Depot-Absicherung versprechen
- warum eine Absicherung mit Gold Sie dann am glücklichsten macht, wenn Sie sie nie antasten müssen
- warum Bank nicht gleich Bank ist und warum Sie daher nicht den Mini-Zinsen nachjagen sollten und auch Ihre Depot-Bank sorgfältig auswählen sollten

Zunächst starten wir aber mit Absicherungsinstrumenten wie Put-Optionsscheinen und Short-ETFs für kurzfristige Krisensituationen. Denn sie sind als einfache Depot-Absicherung durchaus geeignet, eignen sich aber nicht für den dauerhaften Einsatz, weil sie dann sogar zu teuren Rendite-Killern werden.

Wir wünschen Ihnen einen möglichst großen Erkenntnisgewinn durch die Lektüre dieses Buches und viel Erfolg bei Ihren zukünftigen Investments!

Judith Engst und Rolf Morrien

simplified

Teil 1: Kurzfristige Depot-Absicherung

Mittel- und langfristig steigen die Kurse am Aktienmarkt. Wie Sie noch später im Kapitel »Substanz- und dividendenstarke Aktien« ausführlich erfahren werden, sind die Aktienkurse in den vergangenen 150 Jahren sogar bereinigt um Inflationsverluste im Durchschnitt um rund 7 Prozent pro Jahr gestiegen. Diese positive Rendite-Zahl macht schon deutlich, warum es keinen Sinn ergibt – und sogar ein teurer Fehler wäre –, dauerhaft auf Wertpapiere zu setzen, die von fallenden Aktienkursen profitieren. Da die Aktienkurse langfristig steigen und die Absicherungsinstrumente auch noch Geld kosten, würden Sie unter dem Strich sogar doppelt Geld verlieren.

Jedoch gilt auch: Kurzfristig – und nur dann! – kann es durchaus empfehlenswert sein, das eigene Wertpapierdepot gegen fallende Kurse abzusichern. Einige Situationen, in denen eine solche Depot-Absicherung ratsam erscheint:

> Sie planen einen längeren Urlaub und können oder wollen in dieser Zeit nicht ständig die Entwicklung am Aktienmarkt im Blick haben, möchten aber gleichzeitig auch nicht vor der Reise die bestehenden Positionen verkaufen.

> Eine ähnliche Situation im Fall einer geplanten Operation mit einem längeren Krankenhausaufenthalt: Auch dann kann eine kurzfristige Depot-Absicherung eine angenehme Beruhigung sein, damit Sie in dieser schwierigen Phase eine Sorge weniger haben.

- Es steht ein Ereignis an, das kurzfristig den Aktienmarkt extrem stark nach oben oder unten treiben kann. Das können zum Beispiel wichtige politische Wahlen mit ungewissem Ausgang sein oder – denken Sie an die Vergangenheit – Ereignisse wie das Brexit-Referendum. Wenn Chancen und Risiken sich ungefähr die Waage halten, könnte ein vorzeitiger Verkauf sämtlicher Aktien Sie um wertvolle Renditechancen bringen. Mit kurzfristigen Absicherungsinstrumenten können Sie Ihre Aktien im Depot belassen und sich gleichwohl gegen die Folgen eines negativen Wahlausgangs absichern.

- Sie wissen, dass Sie in einigen Monaten eine bestimmte Summe für eine größere Investition benötigen (Hauskauf, Autokauf etc.), aber noch ist das benötigte Kapital an der Börse investiert. Wir würden dann die Lösung bevorzugen, das sicher benötigte Kapital vom Aktienmarkt abzuziehen und in Cash zu halten, aber wenn Sie noch den aktuellen Aufwärtstrend mitnehmen wollen und mit großer Wahrscheinlichkeit in naher Zukunft von stark steigenden Kursen ausgehen, können Sie die bestehenden Positionen auch noch etwas laufen lassen, dann aber aus Absicherungsgründen zusätzlich eine »Depot-Versicherung« abschließen, indem Sie die Absicherungsinstrumente einsetzen, die wir Ihnen gleich vorstellen.

In diesen oder ähnlichen Situationen gibt es viele Anleger, die besser schlafen können, wenn sie eine Art »Crash-Versicherung« abgeschlossen oder sich anderweitig abgesichert haben. Die gute Nachricht für Sie: Nicht nur für Investment-Profis, auch für Privatanleger gibt es an der Börse passende Absicherungsinstrumente. In den folgenden Abschnitten erfahren Sie, welche es gibt, wie sie funktionieren und was die Stärken und Schwächen der jeweiligen Instrumente sind.

Übrigens zählen zu den kurzfristigen Möglichkeiten einer Depot-Absicherung nicht nur Instrumente im Sinne von börslich handelbaren Wertpapieren oder Terminkontrakten, sondern auch bestimmte

Ordertypen (Stichwort: »Stop Loss«). Wie sie funktionieren und was davon zu halten ist, lesen Sie am Ende dieses ersten Buchteils.

Absicherungsinstrumente: An der Börse können Sie Ihr Depot »versichern«

Wenn Sie Ihr Depot gegen einen Crash oder einen größeren Kursrückgang absichern möchten, haben Sie die Möglichkeit, dies mit Gegengeschäften zu tun. Man spricht hier von Short-Positionen, mit denen Sie von fallenden Kursen profitieren. Im Fachjargon spricht man auch von »Hedging« (abgeleitet vom englischen Wort »Hedge« für Hecke im Sinne einer schützenden Umfriedung). Das Grundprinzip: Geben die Aktienmärkte nach, steigt der Preis des jeweiligen Absicherungsinstruments und fängt so die Kursverluste im Depot auf.

Diesen Versicherungsschutz für Ihr Depot bekommen Sie aber nicht gratis. Wie Sie es von Ihren normalen Haftpflicht-, Kfz- oder sonstigen Versicherungen kennen, bezahlen Sie auch für diese Depot-Absicherung eine Art »Versicherungsprämie«. Kommt es tatsächlich zu einem Rückschlag, greift die Versicherung. Steigen die Aktienmärkte dagegen weiter, ist die »Versicherungsprämie« futsch und schmälert Ihre Rendite.

Wie bereits betont: Auf lange Sicht geht es an den Aktienmärkten nach oben. Mit einer Investition in den DAX beispielsweise konnten Anleger langfristig eine durchschnittliche Rendite von rund 7 bis 8 Prozent pro Jahr erzielen – und das trotz aller Krisen und Rückschläge. Falls Sie Ihr Depot längerfristig gegen Kursrückgänge absichern, schmälert dies Ihre Rendite erheblich und kann sie sogar komplett auffressen. Daher lässt sich schon einmal festhalten: Wenn Sie sich langfristig am Aktienmarkt engagieren und Ihr Geld für einen Zeitraum von zehn oder mehr Jahren investieren möchten, ist eine ständige Absicherung nicht sinnvoll.

Allerdings schützt selbst ein langfristiger Anlageplan nicht vor Verlusten, wenn die Märkte extrem schwankungsstark und unberechenbar sind. Seit der Jahrtausendwende gab es mehrere Crash-Phasen, in denen Anleger herbe Rückschläge hinnehmen mussten. Wenn die Börsen verrücktspielen, kann selbst eine langfristig ausgerichtete Anlagestrategie keinen optimalen Ausstieg garantieren.

Gerade wenn der Zeitpunkt des Ausstiegs allmählich näher rückt, ist es daher vernünftig, Wertpapier-Positionen nach und nach abzubauen oder aber über eine Depot-Absicherung nachzudenken. Wer sicher ein gewisses Mindestniveau beim Ausstieg erreichen will, muss sein Depot absichern. Sinnvoll kann auch eine punktuelle Absicherung sein, weil beispielsweise bestimmte Ereignisse anstehen, die für Turbulenzen sorgen können. Denken Sie an die Brexit-Abstimmung im Juni 2016. Der unerwartete Ausgang des Referendums sorgte seinerzeit dafür, dass der DAX innerhalb eines Handelstages um bis zu 11 Prozent abrutschte. In solchen Situationen kann eine kurzfristige Absicherung eine geeignete Maßnahme sein.

Die verschiedenen Absicherungsinstrumente

Als Privatanleger haben Sie verschiedene Instrumente zur Auswahl, um Ihr Depot abzusichern. Das sind im Wesentlichen:

- Put-Optionsscheine
- Put-Optionen
- Short-Zertifikate
- Short-ETFs

All diese Instrumente stellen wir Ihnen in der Folge kurz und bündig vor. Wir zeigen Vor- und Nachteile von Absicherungsstrategien auf und erläutern die Stärken und Schwächen der einzelnen Instrumente.

Sie sollten jedoch vorab wissen: Abgesehen von den Short-ETFs muss ein Anleger in Deutschland für den Handel mit all diesen Papieren bei seiner Depot-Bank seine Termingeschäftsfähigkeit nachweisen und mit seiner Unterschrift versichern, dass er über die Risiken informiert ist, die er damit eingeht. Denn zumeist sind diese Instrumente mit einem Hebel versehen, können also schnell und drastisch an Wert verlieren, wenn die Märkte wider Erwarten doch steigen. Gleichwohl lohnt sich wieder der Vergleich mit den Versicherungsprämien: Auch diese haben Sie umsonst gezahlt, wenn nichts passiert ist, was unterm Strich das Gleiche ist wie ein Totalverlust bei einem Absicherungsinstrument. Aber das Gesamtergebnis ist trotzdem in Ihrem Sinne: Sie waren über den gewünschten Zeitraum gegen Gefahren abgesichert.

Put-Optionsscheine

Optionsscheine sind Wertpapiere, die das Recht verbriefen, bei Fälligkeit eine bestimmte Menge des Basiswerts zu einem vorher festgelegten Preis zu kaufen (»Call«) oder zu verkaufen (»Put«). Der Basiswert kann beispielsweise eine Aktie oder ein Aktienindex sein. Nimmt der Inhaber des Optionsscheins dieses Recht wahr und kauft er beispielsweise die zugrundeliegende Aktie, spricht man von »Ausübung«. Handelt es sich bei dem Basiswert um einen Index (der nicht ge- oder verkauft werden kann), erfolgt die Ausübung durch einen Barausgleich. In den meisten Fällen werden Optionsscheine allerdings nicht ausgeübt. Aufgrund ihrer Hebelwirkung werden sie vielmehr dazu eingesetzt, um überproportional von einer zu erwartenden Kursbewegung zu profitieren. Call-Optionsscheine steigen im Wert überproportional stark, wenn der Kurs des zugrundeliegenden Basiswerts steigt. Put-Optionen steigen dagegen dann im Wert überproportional stark, wenn der Kurs des zugrundeliegenden Basiswerts fällt.

Jetzt wissen Sie auch, warum sich »Puts« als Absicherungsinstrument einsetzen lassen: Put-Optionsscheine, mit denen Sie von fallenden Kursen profitieren, sind der einfachste Weg, um ein Aktiendepot abzusichern. Sie brauchen dafür nur die Rechenformel anzuwenden, die im folgenden Kasten vorgestellt und näher erläutert wird.

Die Formel für Ihre Depot-Sicherheit

Prinzipiell ist es relativ einfach, mit Put-Optionsscheinen einen wirksamen Schutz für Ihr Aktiendepot aufzubauen. Die »Depot-Versicherung« können Sie innerhalb von 30 Minuten kalkulieren und Ihrer Bank die entsprechende Order mitteilen. Als Basis reicht eine kleine Formel, die Sie übrigens nicht nur bei Optionsscheinen, sondern auch bei Optionen (siehe nächstes Absicherungsinstrument) anwenden können:

$$\text{Anzahl der Put-Optionsscheine} = \frac{\text{Depotwert}}{\text{Indexstand} \times \text{Bezugsverhältnis}}$$

Hier ein kurzes Praxisbeispiel für die Anwendung dieser »Depot-Versicherungs«-Formel: Sie besitzen für 10.000 Euro einen Indexfonds, der bei 12.000 Punkten notiert. Sie suchen dann über eine Börsenseite im Internet einen Put-Optionsschein auf diesen Index mit einem Basispreis von 12.000 Punkten und einer Laufzeit von zwölf Monaten. Ein Put-Optionsschein mit dem Basispreis 12.000 erlaubt Ihnen, den Index am Tag der Fälligkeit für 12.000 Punkte zu verkaufen (auch wenn der Index dann deutlich tiefer notieren sollte). Die Anzahl der erforderlichen Put-Optionsscheine können Sie rechnerisch ermitteln. Sie teilen einfach den Depotwert, also 10.000 Euro, durch den Indexstand mal dem Bezugsverhältnis, also 12.000 mal 0,01.

Als Ergebnis erhalten Sie den Wert von 83,33 Stück, gerundet 83. Wenn Sie also (gerundet) 83 dieser Put-Optionsscheine kaufen, haben Sie eine Art »Depot-Versicherung« für Ihre Indexfonds-Anteile abgeschlossen. Wie diese »Depot-Versicherung« genau funktioniert, lesen Sie im Abschnitt unter diesem Kasten. Zunächst aber wollen wir noch eine Erläuterung nachreichen, die Sie bis jetzt noch nicht erhalten haben.

Was es mit dem »Bezugsverhältnis« auf sich hat

In dieser Rechnung sind Sie wahrscheinlich über die Zahl 0,01 und den Begriff »Bezugsverhältnis« gestolpert. Bei Optionsscheinen und anderen Hebel-Instrumenten benötigen Sie oft nicht nur ein Wertpapier, um die zugrundeliegende Aktie oder den zugrundeliegenden Index absichern zu können. In diesem Musterfall benötigen Sie 100 Put-Optionsscheine, um den Index (beziehungsweise Indexfonds) einmal für 12.000 Punkte verkaufen zu dürfen. Das Bezugsverhältnis kann dann mit 100:1 angegeben werden oder mit dem für die Formel umgerechneten Wert 0,01.

Jetzt werden Sie sich vielleicht fragen, warum die Emittenten, die Banken, die diese Instrumente an den Markt bringen, eine Stolperfalle wie das Bezugsrecht einbauen. Der Grund ist denkbar einfach: Diese Instrumente sollen optisch möglichst günstig und auch in kleinen Einheiten vorhanden sein, damit auch kleine Summen abgedeckt werden können. Speziell bei Aktienindizes, die leicht im hohen vierstelligen oder sogar fünfstelligen Punkte-Bereich liegen, würde ein einzelner Put-Optionsschein dann auch eine vier- oder fünfstellige Summe kosten, wenn es das Bezugsverhältnis nicht gäbe. Durch ein Bezugsverhältnis von 0,01 kostet ein Put-Optionsschein also nur 1 Prozent von der Summe, die er ohne dieses Bezugsverhältnis kosten würde. Allerdings: Um tatsächlich abgesichert zu sein, benötigen Sie dann auch 100 dieser Put-Optionsscheine pro Einheit, sodass unter dem Strich die investierte Gesamtsumme gleichbleibt (Ohne Bezugsverhältnis müssten Sie zum Beispiel einen Put-Optionsschein für 1.000 Euro kaufen, mit Bezugsverhältnis 0,01 benötigen Sie 100 Put-Optionsscheine zu je 10 Euro. In beiden Fällen liegt die Gesamtsumme bei 1.000 Euro.)

So funktioniert die Depot-Versicherung mit Put-Optionsscheinen

Betrachten wir das Rechenbeispiel aus dem obigen Kasten einmal genauer: Angenommen, ein Jahr nach dem Kauf der Put-Optionsscheine notiert der Index nur noch bei 6.000 Punkten (ein Minus von 50 Prozent). Ihre Indexfonds-Anteile wären dann nur noch 5.000 Euro wert (10.000 Euro Startsumme abzüglich 50 Prozent Kursverlust). Gleichzeitig wäre der Wert Ihrer Put-Optionsscheine sprunghaft angestiegen. Wie beschrieben, verbrieft der ausgewählte Put-Optionsschein das Recht, den Index für 12.000 Punkte verkaufen dürfen.

Da der Index in diesem Beispiel nur noch bei 6.000 Punkten notiert, würden Sie die Differenz zwischen 12.000 und 6.000 Punkten (multipliziert mit dem Bezugsverhältnis des Optionsscheins) kassieren.

Die Rechnung lautet: 6.000 × 0,01 = 60 Euro je Put-Optionsschein. Da Sie 83 Put-Optionsscheine gekauft haben, sieht Ihr Wertpapierdepot wie folgt aus:

> Position 1: Die Indexfonds-Anteile sind noch 5.000 Euro wert.

> Position 2: Die 83 Put-Optionsscheine sind 4.980 Euro wert (83 × 60 Euro). Dass ihr Wert minimal unter 5.000 Euro liegt, ist eine Folge der Rundung oben. Denn Sie haben ja nicht 83,3 Optionsscheine gekauft, was gar nicht ginge, sondern glatt 83.

Der Gesamtwert Ihres Depots liegt damit bei 9.980 Euro.

Das heißt: Während der Index in diesem Beispiel innerhalb von zwölf Monaten um 50 Prozent eingebrochen ist, hat sich Ihr Depotwert praktisch nicht verändert. Sie besitzen noch immer Wertpapiere im Wert von rund 10.000 Euro. Dieses Absicherungsinstrument hat den Praxistest also bestanden.

Sie wissen jetzt: Mit der zuvor erläuterten »Depot-Versicherungs«-Formel können Sie relativ einfach die Stückzahl berechnen, die Sie von einem Put-Optionsschein kaufen müssen, um Ihr Depot effektiv abzusichern. Außerdem bieten Put-Optionsscheine den Vorteil, dass das Laufzeitende von vornherein festgelegt ist und der Basispreis, also der Preis, zu dem Sie den Basiswert bei Fälligkeit am Markt platzieren dürfen, konstant bleibt (bei Short-Zertifikaten ist das nicht so, wie Sie später noch erfahren werden).

Da Optionsscheine in Deutschland sehr beliebt sind, finden Sie eine riesige Auswahl an passenden Puts. So werden in Deutschland beispielsweise weit mehr als 20.000 Put-Optionsscheine auf den DAX gehandelt. Sie können also praktisch jede Laufzeit und jeden Basispreis abdecken. Der große Wettbewerb sorgt außerdem dafür, dass die Emittenten meist relativ faire Kurse stellen (wobei wir in der Vergangenheit auch negative Ausreißer beobachtet haben).

Welchen Preis Sie für diese Absicherung zahlen

Für Sie als Anleger stellt sich die Frage: Wie teuer ist diese »Depot-Versicherung« über Put-Optionsscheine? Eine exakte Zahl können wir Ihnen nicht nennen, weil deren Preis stetig schwankt. Grundsätzlich hängt der Preis dieser »Versicherungsprämie« immer davon ab, wie hoch die Schwankungsbreite am Markt ist, wie heftig also die Kursausschläge sind. Je höher die Volatilität (die erwartete Schwankungsstärke am Aktienmarkt), desto teurer wird die Absicherung. Der Optionsschein in unserem Muster-Beispiel kostete in einem relativ ruhigen Marktumfeld 8,00 Euro. Ihre Investition für die Absicherung beläuft sich also auf 664,00 Euro (83 Put-Optionsscheine zu je 8,00 Euro). Bleibt ein Rückschlag aus, verfallen die Optionsscheine wertlos, wie ja auch eine Versicherungsprämie einfach vergeblich aufgewendet wurde, wenn das versicherte Ereignis nicht eingetreten ist. Bei einem Depot-Stand von 10.000 Euro und Versicherungskosten von 664,00 Euro liegt die Kostenbelastung bei knapp 7 Prozent. In unruhigeren Marktphasen kann es jedoch deutlich teurer werden.

Denn es gilt: Den Versicherungsschutz für Ihr Depot bekommen Sie niemals gratis. Die Sicherheit, vor Crashs geschützt zu sein, müssen Sie bezahlen. Erfahrungsgemäß müssen Sie bei der Absicherungsstrategie mit Put-Optionsscheinen mit Kosten von 5 bis 12 Prozent pro Jahr rechnen. Als Faustformel gilt: Je höher die Kursschwankungen, desto teurer wird die Absicherung. In sehr ruhigen Marktphasen können Sie Put-Optionsscheine wegen der niedrigen Volatilität – wie in unserem Beispiel – relativ günstig einkaufen. In sehr turbulenten Börsenphasen dagegen wird die Absicherung deutlich teurer.

Es gibt allerdings eine Möglichkeit, diese Kosten zu senken. Wie bei einer Krankenversicherung gilt auch beim Depot-Schutz: Wenn Sie eine höhere Selbstbeteiligung wählen, sinken die Versicherungskosten. Wenn Sie zum Beispiel nicht den aktuellen Indexstand absichern, sondern beim Put-Optionsschein einen Basispreis wählen, der beispielsweise 10 Prozent unter dem aktuellen Kurs liegt, sinken die Preise deutlich (die betreffenden Put-Optionsscheine sind viel günstiger). Diese Absicherungsvariante bietet sich dann an, wenn Sie mit kleineren Kursrückschlägen gut leben können, aber einen Schutz gegen einen Crash in der Größenordnung von 30 oder 40 Prozent einbauen möchten.

Was Sie außerdem noch bedenken sollten

Die hohen Kosten sind gewiss ein Nachteil – aber es gibt noch weitere. Dazu zählt das Emittentenrisiko. Anders als Optionen sind Optionsscheine immer eine Schuldverschreibung des jeweiligen Emittenten. Es steckt also fast immer eine Bank dahinter, die den Optionsschein emittiert, sprich herausgibt. Die Pleite der US-Bank Lehman Brothers während der Finanzkrise im Jahr 2008 hat gezeigt: Es ist nicht ausgeschlossen, dass ein Emittent quasi über Nacht in den Abgrund stürzen kann. Ist der Emittent zahlungsunfähig, ist der Optionsschein – unabhängig von der Entwicklung des Basiswerts – nichts mehr wert. Wer also einen Aktien-Crash aufgrund einer schweren Bankenkrise erwartet, sollte sein Depot nicht ausgerechnet mit Put-Optionsscheinen absichern und auch nicht mit Short-Zertifikaten, die ebenfalls einem Emittentenrisiko unterliegen.

Eine weitere Schwachstelle von Optionsscheinen ist die fehlende Transparenz bei der Preisbildung. Der Preis eines Optionsscheins setzt sich aus mehreren Teilkomponenten zusammen. Die Volatilität, also die Schwankungsbreite des zugrundeliegenden Basiswerts, fließt ebenfalls in den Kurs des Optionsscheins ein und darf dabei nicht unterschätzt werden. Steigt die Volatilität, steigt auch der Wert des Optionsscheins. Geht die Volatilität zurück, verringert sich auch der Preis des Optionsscheins. Dadurch ist eine punktgenaue Kontrolle des Preises kaum möglich. Während der Laufzeit eines Optionsscheins können Sie meist nur grob einschätzen, ob das Kursniveau zur Entwicklung des Basiswerts passt.

Wenn Sie Ihr Aktiendepot mithilfe von Put-Optionsscheinen absichern, kann dieser Nachteil für Sie als Anleger jedoch zum Vorteil werden: Steigen die Kurse relativ stetig, geht die Volatilität meist zurück. Wenn die Kurse fallen, steigt dagegen in der Regel auch die Schwankungsbreite. Bei starken Kurseinbrüchen kommt es häufig zu einem sprunghaften Anstieg der Volatilität. Das wirkt sich positiv auf den Kurs des betreffenden Put-Optionsscheins aus. Dadurch steigt der Wert Ihrer Put-Optionsscheins in unruhigen Crash-Phasen überproportional.

Außerdem laufen Optionsscheine nicht ewig. Diese Wertpapiere haben stets eine begrenzte Laufzeit, und der Fälligkeitstermin liegt keinesfalls in weiter Ferne. So gehören Optionsscheine mit einer Laufzeit von drei Jahren schon zu den länger laufenden Exemplaren dieser Gattung. Was bedeutet: Ihre Prognose, dass die Kurse purzeln, muss zeitlich ziemlich gut hinhauen, damit der Schutz auch wirklich greift. Sie können nicht einfach auf Vorrat Optionsscheine kaufen und dann so lange abwarten, bis wieder mal ein Crash passiert. Sondern Sie sind an eine Laufzeit gebunden, die meist zwischen einem und drei Jahren liegt. Nach der Laufzeit müssten Sie dann neue Optionsscheine kaufen, um den gewünschten Schutz abermals zu erhalten – was mit erneuten Aufwendungen verbunden ist.

Vor- und Nachteile von Put-Optionsscheinen im Überblick

Vorteile:

> Absicherung ist leicht zu berechnen.
> Optionsscheine sind einfach über die Börse handelbar.
> Große Auswahl an Put-Optionsscheinen.
> Erforderlicher Kapitaleinsatz ist relativ gering.
> Die Absicherung ist vergleichsweise kostengünstig.
> Durch steigende Volatilität legen Put-Optionsscheine in Crash-Phasen überproportional zu.

Nachteile:

> Optionsscheine bergen ein Emittentenrisiko.
> Die Preisbildung ist intransparent.
> Der Emittent kann den Kurs zu Ihren Ungunsten beeinflussen.
> Die begrenzte Laufzeit erfordert eine zeitlich zutreffende Kursprognose und gegebenenfalls einen erneuten Kauf von Optionsscheinen, wenn die Depotversicherung fortgesetzt werden soll.

Put-Optionen

Eine weitere Möglichkeit, Ihr Aktiendepot abzusichern, sind Put-Optionen. Während Sie Optionsscheine, Zertifikate und ETFs ganz einfach wie Aktien über die Börse kaufen können, werden Optionen am Terminmarkt gehandelt. In Deutschland werden Optionen an der Terminbörse Eurex gehandelt. Sie können diese nur handeln, wenn Ihr Broker Ihnen einen Zugang zum Terminmarkt ermöglicht. Nicht jede Depot-Bank bietet den Handel mit Optionen an.

Eine Option ist ein sogenanntes bedingtes Termingeschäft. Wie bei einem Optionsschein hat der Besitzer das Recht, aber nicht die Pflicht, eine Aktie oder einen Index zu einem späteren Zeitpunkt zu einem vorab vereinbarten Preis zu kaufen (Call) oder zu verkaufen (Put). Anders als Optionsscheine sind Optionen jedoch keine verbrieften Wertpapiere, die von einem Emittenten herausgegeben werden. Deshalb gibt es an der Optionsbörse für jede Laufzeit und jeden Basispreis immer nur eine bestimmte Option. Das Bezugsverhältnis liegt bei diesem Instrument (anders als bei Optionsscheinen) in der Regel immer bei 1:1 (bei Indices sind auch andere Bezugsverhältnisse möglich). Das heißt, über eine Option kann eine Aktie ge- oder verkauft werden. Dadurch ist der erforderliche Kapitaleinsatz bei einer Depot-Absicherung oft höher als bei Optionsscheinen. Optionen eignen sich daher eher für professionelle Investoren oder ambitionierte Privatanleger mit hohem Depotvolumen. Um Ihr Aktiendepot mit Put-Optionen abzusichern, können Sie die schon bei den Optionsscheinen erläuterte Depot-Versicherungs-Formel verwenden. Die Berechnung der benötigten Stückzahl ist genau gleich.

Optionen haben mehrere Vorteile

Anders als Optionsscheine oder Zertifikate sind Optionen keine von einem Emittenten herausgegebenen Inhaberschuldverschreibungen und beinhalten daher auch kein Emittentenrisiko. Für den Besitzer einer Option gibt es also kein Insolvenzrisiko durch die mögliche Zahlungsunfähigkeit eines Emittenten.

Die Tatsache, dass Optionen nicht von einem Emittenten herausgegeben, sondern an einer speziellen Terminbörse gehandelt werden, bringt einen weiteren Vorteil mit sich: Der Preis einer Option wird durch Angebot und Nachfrage sowie durch die Kursentwicklung des jeweiligen Basiswerts bestimmt. Bei Optionsscheinen hingegen werden die Preise durch den Emittenten gestellt. Es ist ein offenes Geheimnis, dass Emittenten die Kurse in einem gewissen Maße beeinflussen können. Der Grund dafür ist die intransparente Preisbildung. Weil die zu erwartende Schwankungsbreite in den Kurs mit einfließt, hat die Bank die Möglichkeit, an der »Volatilitätsschraube« zu drehen und den Preis zum Nachteil des Anlegers zu beeinflussen. Weil sie keinen Emittenten haben, ist dies bei Optionen nicht möglich.

Trotzdem eignen sich Optionen für Privatanleger nur bedingt

Obwohl sie einige Vorteile bieten, sind Optionen als Instrument zur Depot-Absicherung für Privatanleger nur bedingt geeignet. Um Optionen zu handeln, brauchen Sie einen Zugang zum Terminmarkt, Sie benötigen also einen speziellen Broker, über den Sie an der Terminbörse handeln können. Außerdem ist der erforderliche Kapitaleinsatz häufig höher. Als Alternative für Privatanleger bieten sich daher in den meisten Fällen Optionsscheine an. Ein Nachteil gilt hier aber genauso: Auch Optionen laufen nicht ewig, sondern haben ein Verfallsdatum. Auch hier können Sie Ihr Depot also nicht auf gut Glück für lange Zeit absichern, sondern müssen halbwegs zuverlässig prognostizieren, wann ein Crash eintreten könnte.

Vor- und Nachteile von Put-Optionen im Überblick

Vorteile:

> Die Absicherung ist leicht zu berechnen.
> Es gibt kein Emittentenrisiko.
> Der Preis kann nicht vom Emittenten beeinflusst werden.
> Durch steigende Volatilität legen Put-Optionen in Crash-Phasen überproportional zu.

Nachteile:

> Anleger brauchen Zugang zum Terminmarkt.
> Erforderlicher Kapitaleinsatz ist oft höher als bei Optionsscheinen.
> Auch hier erfordert die begrenzte Laufzeit eine zeitlich zutreffende Kursprognose und gegebenenfalls den Kauf neuer Optionen zur Fortsetzung der Absicherung.

Short-Zertifikate

Ein weiteres Absicherungsinstrument, das mit den Optionsscheinen verwandt ist, sind Short-Zertifikate. Diese sind ebenfalls Inhaberschuldverschreibungen und gehören zu den Hebel- und Knock-out-Zertifikaten. Wie bei Optionen und Optionsscheinen können Sie damit gehebelt, also überproportional, von der Entwicklung eines Basiswerts, also eines Index oder einer Aktie, profitieren. Je nach Emittent, tragen Hebel-Zertifikate unterschiedliche Bezeichnungen, wie beispielsweise »Mini Future«, »Mini Long/Short«, »Wave Call/Put« oder »Turbo«.

Anders als bei Optionsscheinen ist bei Short-Zertifikaten das Laufzeitende nicht von vornherein festgelegt. Es gibt Hebel-Zertifikate mit endloser Laufzeit (das erkennen Sie am Namenszusatz »Open End«) sowie Zertifikate, deren Laufzeit spätestens zu einem bestimmten Datum endet. Beide Varianten können aber bereits vorher fällig werden, wenn ein bestimmtes Ereignis eintritt. Neben einem Basispreis haben Hebel-Zertifikate nämlich eine sogenannte Knock-out-Schwelle (kurz: K.-o.-Schwelle). Wird diese während der Laufzeit erreicht oder unterschritten, wird das Zertifikat automatisch fällig, was für den Anleger in der Regel mit hohen Verlusten verbunden ist.

Die Sache mit der Knock-out-Schwelle

Die K.-o.-Schwelle liegt bei Short-Zertifikaten unter dem jeweiligen Basispreis. In diesem Fall bleibt auch nach dem K.-o.-Ereignis ein (meist relativ geringer) Restwert. Bei manchen Papieren entspricht die K.-o.-Schwelle aber auch exakt dem Basispreis. Bei diesen Zertifikaten ist ein Knock-out gleichbedeutend mit einem Totalverlust des eingesetzten Kapitals. Die Gefahr, »ausgeknockt« zu werden, ist der wohl gewichtigste Nachteil von Hebel-Zertifikaten.

Weil das Laufzeitende nicht vorbestimmt ist, sind die Finanzierungskosten nicht – wie bei Optionsscheinen mit eindeutig festgelegter Laufzeit – im Aufgeld enthalten. (Zur Erläuterung: Das Aufgeld ist ein

Preiszuschlag, den der Emittent einstreicht und der etwas über den theoretisch berechneten Wert des jeweiligen Papiers hinausgeht.) Stattdessen werden sie über eine regelmäßige Anpassung des Basispreises und der K.-o.-Schwelle berücksichtigt. Die Finanzierungskosten sind die Kosten, die dem Emittenten bei der Konstruktion der Produkte entstehen. Das hat zur Folge, dass Basispreis und K.-o.-Schwelle während der Laufzeit nicht konstant bleiben. Bei Short-Zertifikaten sinken Basispreis und K.-o.-Schwelle im Laufe der Zeit langsam ab. Auf Sicht weniger Wochen sind das nur Mini-Schritte, aber nach einem Jahr Haltedauer kann die Verschiebung erheblich sein. Wenn Sie in Hebel-Zertifikate investieren, empfiehlt es sich daher, die Knock-out-Schwelle regelmäßig auf der Emittenten-Website im Internet zu überprüfen.

Größter Vorteil: transparente Preisentwicklung

Ein weiterer Unterschied und gleichzeitig ein Vorteil im Vergleich zu Optionsscheinen ist die Transparenz. Bei Hebel-Zertifikaten spielt die Volatilität, also die Schwankungsbreite des Basiswerts, bei der Preisbildung keinerlei Rolle. Dadurch ist der Kurs des Hebel-Zertifikats leicht zu berechnen, und wie groß der Hebel ist, steht ein für alle Mal fest. Solange die K.-o.-Schwelle nicht berührt wird, kann dieses Absicherungsinstrument sehr lange im Depot bleiben und muss nicht regelmäßig ausgetauscht werden.

Nicht nur das Knock-out-Risiko spricht gegen diese Papiere

Doch ist das Risiko eines Knock-outs gerade bei stark schwankenden Märkten nicht zu vernachlässigen. Durch den verstärkten Einsatz von Handelsalgorithmen an der Börse wächst diese Gefahr sogar noch. Wer Produkte mit K.-o.-Schwelle kauft, muss mit dem Risiko leben, dass diese Papiere über Nacht wertlos werden können und dann überdies auch ihre Absicherungsfunktion nicht mehr erfüllen. Davon abgesehen, kann die Tatsache, dass bei Optionsscheinen die Volatilität den Preis beeinflusst, gerade bei stark fallenden Kursen ein Vorteil sein, den Hebel-Zertifikate damit nicht bieten.

Eine weitere Schwachstelle von Hebel-Zertifikaten ist das Emittentenrisiko. Wie bei Optionsscheinen handelt es sich auch bei Zertifikaten um Schuldverschreibungen der Emittenten. Wenn der Emittent zahlungsunfähig wird, werden diese Zertifikate wertlos sein (falls es im Insolvenzvermögen nicht noch genügend liquide Mittel gibt, die an die Besitzer der Schuldverschreibungen verteilt werden können).

Außerdem ist die Depot-Absicherung mithilfe von Short-Zertifikaten in der Praxis meist deutlich teurer als die Absicherung mit Put-Optionsscheinen. Die Formel, die wir Ihnen zu Beginn dieses Kapitels vorgestellt haben, können Sie grundsätzlich auch bei Short-Zertifikaten anwenden, um die passende Stückzahl für eine Depot-Absicherung zu berechnen. Allerdings kann nicht – wie bei Optionsscheinen – der Basispreis in der Nähe des aktuellen Indexstands gewählt werden. Ansonsten ist ein Knock-out quasi vorprogrammiert. Hier ist ein Puffer erforderlich: Der Basispreis des zur Absicherung ausgewählten Short-Zertifikats muss also einiges über dem aktuellen Indexstand liegen. Je nachdem, wie groß Sie diesen Puffer wählen, wird die Absicherung erheblich teurer. Im Praxistest lag die Kostenbelastung im Schnitt bei circa 15 Prozent. Ein Wert, bei dem Sie sich überlegen sollten, ob eine Absicherung zu diesen Konditionen überhaupt sinnvoll ist oder ob es nicht besser ist, einen möglichen Rückschlag einfach auszusitzen.

Vor- und Nachteile von Short-Zertifikaten im Überblick

Vorteile:

- Die Absicherung ist einfach zu berechnen.
- Short-Zertifikate sind einfach über die Börse handelbar.
- Es gibt eine große Auswahl.
- Die Preisbildung ist transparent.

- Als Open-End-Wertpapiere ermöglichen Short-Zertifikate eine lange Haltedauer.

Nachteile:
- Short-Zertifikate bergen ein Emittentenrisiko.
- Es besteht ein hohes Risiko, »ausgeknockt« zu werden.
- Der Basispreis bleibt nicht konstant, was eine stetige Beobachtung notwendig macht.
- Der erforderliche Kapitaleinsatz ist vergleichsweise hoch.
- Zur Depot-Absicherung sind Short-Zertifikate relativ teuer.

Short-ETFs

ETFs (»Exchange Traded Funds«) sind börsengehandelte Indexfonds, die die Entwicklung eines Index ganz genau nachbilden. Short-ETFs beziehen sich auf einen Short-Index, also einen Index, der in die entgegengesetzte Richtung läuft wie sein »Vorbild«. Die Funktionsweise ist denkbar einfach: Fällt der Index um 5 Prozent, steigt der Kurs des Short-ETFs gleichzeitig um 5 Prozent. Genauso funktioniert es umgekehrt: Steigt der Index um 5 Prozent, fällt der Kurs des Short-ETFs um 5 Prozent. Damit sind Short-ETFs eine einfache und günstige Möglichkeit für eine Depot-Absicherung.

Vorteil: Fondsvermögen ist Sondervermögen

Ein Vorteil von Short-ETFs liegt darin, dass sie im Gegensatz zu Optionsscheinen und Zertifikaten kein Emittentenrisiko bergen. Wie aktiv verwaltete Investmentfonds sind auch ETFs Sondervermögen. Falls die Fondsgesellschaft, die den ETF herausgegeben hat, also pleitegeht, hat das für Sie als Anteilseigner keine nachteiligen Folgen. Denn das Vermögen im Fonds gehört nicht zur Insolvenzmasse und ist von der Pleite somit nicht betroffen.

Nachteile durch Indexkonstruktion

Ein Schwachpunkt ist, dass dieses Absicherungsinstrument in extrem schwankungsstarken Börsenphasen Schwächen hat. Die Deutsche Bank hat zu diesem Thema eine Musterrechnung erstellt. Zunächst die ETF-Entwicklung in einer ruhigen Marktphase, dann die Entwicklung in einer sehr schwankungsstarken Phase. So sieht die Entwicklung in einer ruhigen Börsenphase aus:

Tag	Index-Stand	Kurs Short-ETF
1	100 Punkte	100 Euro
2	98 Punkte	102 Euro
3	102 Punkte	97,84 Euro
4	99 Punkte	100,77 Euro
5	100 Punkte	99,77 Euro

Entwicklung eines Short-ETF in einer ruhigen Börsenphase, Quelle: Deutsche Bank (modifiziert)

Der Short-ETF erfüllt die Erwartungen. An den schwachen Index-Tagen 2 und 4 legt der Kurs des Short-ETFs zu. Am Ende der Beobachtungsphase erreichen Index und Short-ETF wieder das Ausgangsniveau (der ETF nicht ganz).

Ganz anders dagegen das Bild in einer schwankungsstarken Börsenphase, wie die folgende Tabelle zeigt:

Tag	Index-Stand	Kurs Short-ETF
1	100 Punkte	100 Euro
2	80 Punkte	120 Euro
3	120 Punkte	60 Euro
4	90 Punkte	75 Euro
5	100 Punkte	66,75 Euro

Entwicklung eines Short-ETF in einer schwankungsstarken Börsenphase, Quelle: Deutsche Bank (modifiziert)

Index-Schwankungen von 50 Prozent pro Tag (wie in der Beispielrechnung an Tag 3) können in der Wirklichkeit allerdings zu 99,99 Prozent ausgeschlossen werden. Es geht in diesem Beispiel nur darum, zu zeigen, dass der Index am Ende der Phase wieder den Ursprungswert erreicht, während der Short-ETF, obwohl er sich immer richtig bewegt hat, über 33 Prozent im Minus liegt. In der Praxis werden die Kursschwankungen und damit die Kursverluste des Short-ETFs geringer sein. Das Grundproblem, die Abweichung von der Index-Entwicklung, wird in diesem Beispiel jedoch deutlich.

Auslöser dieser Abweichungen ist kein Konstruktionsfehler der Short-ETFs, sondern schlichtweg die Prozentrechnung. Nehmen wir an, der ausgewählte Aktienindex steigt von 7.000 auf 7.350 Punkte (plus 5 Prozent). Der Short-ETF verliert dann gleichzeitig 5 Prozent. Am nächsten Tag fällt der Index wieder auf 7.000 Punkte und erreicht den Ausgangswert. Unter dem Strich ist nichts passiert, wenn Sie den absoluten Indexstand betrachten. Anders beim Short-ETF. Der Rückgang von 7.350 auf 7.000 Punkte entspricht nur einem Tagesminus von knapp 4,8 Prozent. Der Short-ETF steigt an diesem Tag somit nur um knapp 4,8 Prozent und kann damit den Vortagesverlust von 5 Prozent nicht ganz ausgleichen. Es bleibt ein Minus. Je größer die Kursschwankung, desto größer auch die »Lücke« zwischen Index und Short-ETF.

Auswirkungen noch gravierender bei gehebelten Short-ETFs

Noch gravierender wirkt sich dieser »negative Zinseszinseffekt« bei Leveraged Short-ETFs, also gehebelten Short-ETFs, aus. Diese Produkte, die seit einigen Jahren am Markt sind, bewegen sich meist mit einem Hebel von 2 in die entgegengesetzte Richtung wie der zugrundeliegende Index. Fällt der Index beispielsweise um 5 Prozent, steigt der Leveraged Short-ETF also um 10 Prozent. Das hat den Vorteil, dass im Gegensatz zum herkömmlichen Short-ETF ohne Hebel lediglich die Hälfte des Kapitaleinsatzes erforderlich ist.

Dennoch überwiegen bei Leveraged Short-ETFs eindeutig die Nachteile. Denn grundsätzlich gilt: Je höher die Schwankungsstärke, desto größer ist der »negative Zinseszinseffekt«. Beim gehebelten ETF tritt dieser Effekt entsprechend stärker zutage. Bewegt sich der Leveraged Short-ETF dagegen ohne größere Ausschläge in die erwartete Richtung, kehrt sich dieser »negative Zinseszinseffekt« in einen positiven um. Gehebelte ETFs eignen sich daher allenfalls für Day-Trader, nicht aber für langfristig orientierte Privatanleger.

Insgesamt sind Short-ETFs für eine längerfristige Depot-Absicherung nicht das ideale Instrument. Zum einen ist oft ein höherer Kapitaleinsatz erforderlich. Zum anderen spricht die Funktionsweise der Short-ETFs gegen ein längerfristiges Engagement. Denn auf längere Sicht kann sich der »negative Zinseszinseffekt« gerade bei hohen Kursschwankungen erheblich zu Ihren Ungunsten als Anleger auswirken. Dagegen sind Short-ETFs ein geeignetes Mittel, um das Depot kurzfristig gegen Rückschläge zu wappnen. Einfacher und günstiger können Sie kurzfristig Ihr Depot nicht absichern.

Vor- und Nachteile von Short-ETFs im Überblick

Vorteile:

- Short-ETFs bergen kein Emittentenrisiko.
- Short-ETFs sind einfach über die Börse handelbar.
- Short-ETFs sind sehr kostengünstig.

Nachteile:

- Der »negative Zinseszinseffekt« kann sich bei großen Kursschwankungen auf längere Sicht erheblich auswirken.
- Erforderlicher Kapitaleinsatz zur Absicherung ist hoch, vor allem bei nicht gehebelten Short-ETFs.

Absicherungsinstrumente in der Praxis

Die bisher vorgestellten Absicherungsinstrumente haben alle ihre Vor- und Nachteile. Um das Depot abzusichern, eignen sich für Privatanleger Optionsscheine und Short-ETFs am besten. Für den Handel mit Optionen ist dagegen ein Zugang zu den Terminmärkten erforderlich, und diesen bietet nicht jede Depot-Bank an. Short-Zertifikate sind zwar einfach über die Börse handelbar, weisen aber andere gravierende Nachteile auf, allen voran das Risiko eines Knock-outs. Außerdem ist eine Depot-Absicherung mithilfe von Short-Zertifikaten meist ein sehr kostspieliges Unterfangen.

Optionsscheine sind wegen der deutlich günstigeren »Versicherungsprämie« und des fehlenden Knock-out-Risikos in der Regel die bessere Wahl. Wer sein Depot für ein Jahr absichern will, wird wahrscheinlich mit Put-Optionsscheinen das beste Ergebnis erzielen. Wer dagegen nur punktuell, also für wenige Tage, einen Versicherungsschutz aufbauen will, so wie wir es in diesem Buch empfehlen, kann auch zu den günstigen und transparenten Short-ETFs greifen, deren Konstruktion allerdings einen längerfristigen Einsatz als Absicherungsinstrument ausschließt.

In der Theorie ist eine Depot-Absicherung nicht schwierig. Die erstaunlich einfache Formel für die Absicherungsstrategie mit Put-Optionsscheinen haben Sie am Anfang dieses Kapitels anhand eines passenden Musterbeispiels kennengelernt. Mit dieser Faustformel können Sie ganz einfach berechnen, wie viele Put-Optionsscheine Sie kaufen müssen, um Ihr Depot effektiv zu schützen. Bei der praktischen Umsetzung der Depot-Absicherung ergeben sich jedoch meist einige Probleme, über die Sie Bescheid wissen sollten.

Problem Nummer 1: Welche Short-Position wählen Sie?

Die Schwierigkeiten fangen schon bei der Auswahl der Short-Position an. Befinden sich im Depot ausnahmslos DAX-Werte, ist es logisch, dass Sie eine Short-Position auf den DAX kaufen, um Ihr Depot abzusichern. Allerdings haben die wenigsten Anleger in ihrem Depot nur einen Indexfonds oder ausschließlich DAX-Werte. Wesentlich schwerer fällt die Auswahl bei einem Wertpapierdepot, das beispielsweise aus zehn deutschen Aktien, zehn internationalen Aktien und fünf breit streuenden Aktienfonds besteht. Im Prinzip müssten Sie als Anleger Ihr Depot mindestens in vier oder fünf regionale und branchenspezifische Gruppen einteilen und dann passende Short-Positionen auswählen. Der Wunsch, das Aktiendepot mit einer einzigen Position einfach und pflegeleicht abzusichern, bleibt damit unerfüllbar.

Problem Nummer 2: Nicht jeder Basiswert kann abgesichert werden

Ein weiteres Problem, das sich in der Praxis ergibt: Nicht jede Depot-Position lässt sich absichern. Der einfache Grund: Nicht für jeden Basiswert gibt es auch ein passendes Short-Instrument. Während Sie den DAX oder auch die 30 im DAX gelisteten Einzelwerte sehr gut abdecken können und reichlich Auswahl haben, können bereits beim MDAX, der mittelgroße deutsche Aktiengesellschaften abdeckt, erste Lücken auftreten.

Fast schon hoffnungslos wird es im Bereich der kleineren Nebenwerte. Selbst auf den gesamten Index SDAX gibt es nur relativ wenige Put-Optionsscheine oder Short-Zertifikate. Noch trostloser sieht es bei den Einzeltiteln im Nebenwerte-Segment aus. Der Grund für diese Lücken: Der Emittent muss die Short-Position einfach, schnell und sicher mit Terminkontrakten abdecken können. Bei wenig liquiden Werten gibt es keine. Das Risiko für den Emittenten wäre zu groß.

Aber selbst bei internationalen Blue Chips und Indizes kann dieses Problem entstehen. Es geht immer auch um die Nachfrage-Seite. Wenn die Emittenten den Eindruck haben, dass ein bestimmter Basiswert am deutschen Derivate-Markt (also am Markt für Optionsscheine und Zertifikate) nicht ausreichend nachgefragt wird, entsteht eine Lücke. Die Emittenten leben schließlich davon, dass die Derivate eifrig gehandelt werden. Was sollen sie Wertpapiere auf den Markt bringen, die später keiner will?

Sobald Sie im Nebenwerte-Segment aktiv sind oder auf etwas exotischere internationale Indizes setzen, wird es nicht möglich sein, diese Positionen mit einer Short-Strategie abzudecken. Auch deshalb ist eine perfekte kurzfristige Depot-Absicherung ein Ding der Unmöglichkeit.

Problem Nummer 3: Die Kosten sind ein Belastungsfaktor

Das Thema »Kosten der Depot-Absicherung«, das wir in diesem Kapitel bereits mehrfach angesprochen haben, ist ein nicht zu unterschätzender Faktor. Fondsgesellschaften oder große Vermögensverwalter können Depot-Positionen relativ günstig am Terminmarkt absichern. Privatanleger dagegen haben nur eingeschränkte Möglichkeiten und müssen im Regelfall auf Absicherungsinstrumente zurückgreifen, die relativ teuer sind. Erschwerend kommt hinzu, dass viele Absicherungsinstrumente gerade dann teuer sind, wenn es an den Börsen unruhig zugeht. Eine hohe Volatilität (Schwankungsstärke) macht Optionsscheine teurer.

In der Praxis werden die Kosten bei 5 bis 15 Prozent pro Jahr liegen, wenn Sie als Privatanleger Ihr Depot umfassend und flexibel mit Short-Instrumenten abdecken wollen. Das lohnt sich sicherlich in Crash-Phasen, wird aber ein teures Vergnügen, wenn die Märkte mehrere Jahre lang steigen oder stagnieren. Wer sein Depot über einen Zeitraum von vier oder fünf Jahren teuer absichert, kann für diese Kosten auch den nächsten Crash locker »aussitzen«. Attraktiv sind kurzfristige Absicherungsstrategien nur, wenn Crash-Phasen schnell aufeinanderfolgen. Aber das ist vorab nicht prognostizierbar.

Wer sehr langfristig investieren möchte, zum Beispiel für die private Altersvorsorge, muss folgende Rechnung aufmachen: Über mehrere Jahrzehnte gerechnet, haben Aktien in der Vergangenheit 7 bis 8 Prozent Rendite pro Jahr gebracht. Lohnt sich dann ein langfristiges Aktien-Investment mit Absicherung, wenn die Kosten bei 5 bis 15 Prozent pro Jahr liegen?

Die Antwort liegt auf der Hand. Für Sie als Anleger ist eine Depot-Absicherung deshalb vor allem dann eine Option, wenn der Zeitpunkt Ihres Ausstiegs näher rückt. Mit den genannten Absicherungsinstrumenten können Sie sich ein gewisses Mindestniveau beim Verkauf sichern. Sinnvoll kann auch eine punktuelle, kurzfristige Absicherung sein, weil beispielsweise bestimmte Ereignisse anstehen, die für Turbulenzen sorgen können (Stichwort Brexit-Abstimmung).

Problem Nummer 4: Unterschätzen Sie das Emittenten-Risiko nicht

Das Beispiel Lehman Brothers (die Pleite-Bank war als Zertifikate-Emittent auch in Deutschland vertreten) macht es erforderlich, das Thema Emittenten-Risiko noch einmal zu betonen. Ganz bitter wäre folgender Fall: Sie sichern sich mit einem Put-Optionsschein (oder mit einem Short-Zertifikat) gegen die Folgen einer neuen Bankenkrise ab. Die Krise bricht aus, der Put gleicht wie geplant die Aktien-Verluste aus. Trotzdem verfällt er dann aber wertlos, weil der Emittent des Optionsscheins Insolvenz anmelden musste (wie die US-Bank Lehman Brothers).

Denken Sie immer daran: Emittent (Herausgeber) der Optionsscheine und Short-Zertifikate sind fast immer Banken. Und Banken sind in Crash-Phasen besonders gefährdet. Eine Möglichkeit, dieses Risiko zumindest abzumildern, ist es, die Depot-Absicherung auf mehrere Optionsscheine verschiedener Emittenten zu verteilen.

Problem Nummer 5: Dynamische Absicherung kostet zu viel Zeit und Geld

Die in diesem Kapitel beschriebene Depot-Absicherung ist relativ statisch: Sie suchen sich einen fixen Ausgangspunkt und wählen beispielsweise einen Put-Optionsschein aus, der in zwölf Monaten das Laufzeitende erreicht. Am Tag der Fälligkeit wird der Optionsschein automatisch abgerechnet. Sind die Kurse bis dahin gefallen, gleicht der Gewinn Ihres Optionsscheins die Verluste in Ihrem Depot aus. Bleibt ein Rückschlag aus, verfällt Ihr Einsatz für den Optionsschein, sprich die »Versicherungsprämie« ist zu diesem Zeitpunkt wertlos.

Falls aber während der Laufzeit die Kurse steigen und Ihr Depot an Wert gewinnt, sind Sie nicht mehr zu 100 Prozent geschützt. Wer eine perfekte Absicherung wünscht, müsste die Short-Position quasi täglich neu berechnen und jeweils die Short-Instrumente kaufen, die zu den Kursen passen, die im Depot vorherrschen. Diesen Aufwand (Zeit und Geld) können aber allenfalls Großanleger betreiben. Als Privatanleger können Sie mit den vorgestellten Absicherungsinstrumenten nur eine einfache, statische Absicherung wählen; Sie besitzen dann aber keinen 100-Prozent-Schutz.

Fazit: Absicherungsstrategien mit Short-Instrumenten sind kein Allheilmittel

Wie oben beschrieben: Ein Depot-Schutz mit Short-Instrumenten ist machbar, kostet aber Zeit und – vor allem – Geld. Eine solche Absicherung ist speziell dann sinnvoll, wenn Sie großen Wert auf Schutz legen und bereit sind, für diesen Schutz Prämien zu bezahlen. Wer auch in anderen Bereichen des Lebens die unterschiedlichsten Risiken mit Versicherungen abdeckt, wird mit einer Depot-Absicherung ruhiger schlafen können.

Dennoch ist eine ständige Depot-Absicherung über einen Zeitraum von mehreren Jahren unserer Erfahrung nach nicht sinnvoll. In guten Börsenphasen verschlingt die Versicherung Gebühren, in schlechten Phasen gleicht sie Verluste aus. Ob sie aber nach zehn Jahren netto einen Mehrertrag bringt, ist eher unwahrscheinlich. Wer sehr langfristig investiert, dürfte besser beraten sein, auf eine Depot-Absicherung zu verzichten und stattdessen mögliche Rückschläge einfach »auszusitzen«.

Wirklich interessant ist eine Absicherungsstrategie für Sie dann, wenn Sie wissen, dass Sie Ihr Depot oder einen Teil davon in absehbarer Zeit (in ein oder zwei Jahren) auflösen wollen. In diesem Fall ist eine Depot-Absicherung mithilfe von Put-Optionsscheinen der richtige Weg. So können Sie ein gewisses Mindestniveau beim Ausstieg sichern und verhindern, dass Sie Ihre Positionen möglicherweise kurz nach einem größeren Rückschlag zu schlechten Kursen verkaufen müssen. Auch in Situationen, in denen Sie längere Zeit nicht handlungsfähig sind (Urlaub, Krankenhausaufenthalt, Kur etc.), oder wenn ein bestimmtes kursbewegendes Ereignis vor der Tür steht (zum Beispiel eine wichtige Wahl), können Sie auf die in diesem Buch vorgestellten Absicherungsinstrumente setzen und so mit Ihrem Wertpapierdepot entspannter leben.

Absicherungsinstrumente suchen und finden

Nach diesem eher theoretischen Teil stellt sich für Sie in der Praxis die Frage: Wie finde ich das passende Absicherungsinstrument? Die positive Antwort: Die Suche ist deutlich einfacher, als Sie es vielleicht befürchtet haben. Im Internet gibt es mehrere Dutzend Informationsquellen, die Ihnen bei der Suche helfen.

Auf einschlägigen Börsenportalen wie

> www.onvista.de,
> www.finanzen.net oder
> www.boerse.de

werden Sie schnell fündig. Geben Sie den Namen oder die Wertpapierkennnummer/ISIN der Aktiengesellschaft (oder auch des Index) ein, für die Sie sich interessieren. Dann klicken Sie – je nach Börsenportal – auf Begriffe wie »zugehörige Wertpapiere« oder »Optionsscheine« oder »Derivate« und wählen »Put-Optionsscheine« aus.

Wichtig: Die Datenqualität dieser kostenlosen Anbieter ist zum Teil schlecht. Wenn Sie einen passenden Optionsschein gefunden haben, gehen Sie am besten im nächsten Schritt auf die Internetseite des Emittenten, der den Optionsschein herausgegeben hat, und überprüfen dort noch einmal alle Daten (Laufzeit, Basispreis, aktueller Kurs etc.).

Sie können in vielen Fällen passende Put-Optionsscheine auch direkt über Ihren Wertpapier-Broker suchen, finden und direkt ordern. Hier erläutern wir Ihnen das am Beispiel der Suche nach einem Put-Optionsschein auf den DAX bei der Depot-Bank Comdirect.

Schritt-für-Schritt-Anleitung: Optionsschein-Auswahl bei der Comdirect

Schritt 1: Geben Sie die Internetadresse www.comdirect.de ein.
Schritt 2: Klicken Sie oben auf den Punkt »Wertpapierhandel«.
Schritt 3: Gehen Sie mit der Computermaus auf »Wertpapierarten & Börsen« und klicken Sie dort »Optionsscheine« an.
Schritt 4: Klicken Sie auf »Optionsschein-Selector«.
Schritt 5: Klicken Sie bei »Vorauswahl« auf »Put« und bei »Basiswert« auf »DAX« – je nach Bedarf Ihrer Absicherung geben Sie dann noch Werte für »Basispreis« und »Restlaufzeit« an. Ein weiterer Klick auf »Anzeigen« bringt Ihnen die gewünschten Ergebnisse.

Unser Fazit: Absicherungsinstrumente sind gut für Ausnahmesituationen, nicht aber als Dauerlösung

Es ist gut, dass es für außergewöhnliche Situationen (Krankheit, Kur, Urlaub etc.) Absicherungsinstrumente an der Börse gibt, aber diese Art der Depot-Absicherung ist keine Dauerlösung.

In der Fachliteratur finden Sie zum Teil das Versprechen, dass Sie Ihr Depot mit den passenden Instrumenten ganz einfach und schnell zu 100 Prozent schützen können. Das ist eine Lüge. Es kann Ihnen auch kein Arzt garantieren, dass Sie mit bester Medizin 100 Jahre alt werden.

Warum klappt bei Privatanlegern der 100-Prozent-Schutz mit den Absicherungsinstrumenten nicht? Dafür gibt es mehrere Gründe:

> **Die flexible Absicherung ist für Privatanleger nicht machbar:** In Vorträgen und in der Fachliteratur wird fast immer eine Absicherung vorgestellt, die statisch ist. Man betrachtet dabei das Wertpapierdepot am Tag x und sichert dieses – in der Theorie – zu 100 Prozent mit den passenden Instrumenten ab. Doch die Börsenkurse bewegen sich schnell. Schon am Folgetag passt die Absicherung nicht mehr zu 100 Prozent zum jetzt bestehenden Depot. In der Praxis muss die Absicherung permanent angepasst werden. Das ist die dynamische Absicherung. Das können z. B. Fondsgesellschaften mit automatischen Handelsprogrammen ansatzweise leisten, nicht aber Privatanleger. Für Privatanleger kommt nur die statische Absicherung in Frage und die veraltet sehr schnell und bietet dann nur noch einen Teilschutz.

> **Die Kosten sind zu hoch:** Wer sein Depot ständig mit Absicherungsinstrumenten schützt, zahlt dafür hohe Gebühren. Die Absicherungsinstrumente kosten Geld und die Transaktionskosten kommen auch noch hinzu. Die Gesamtkosten können auf Jahressicht leicht im zweistelligen Prozentbereich liegen.

Wenn man berücksichtigt, dass die Aktienmärkte langfristig stets gestiegen sind, ist das unter dem Strich ein Minusgeschäft. Für ein Zeitfenster von zwei bis vier Wochen (Urlaub, Kur etc.) erscheint eine Absicherung vertretbar und sie ist auch finanzierbar, eine Dauer-Absicherung dagegen verschlingt dagegen nur Geld.

> **Die passenden Absicherungsinstrumente fehlen:** Wertpapiere wie Indexfonds (ETFs) und DAX-Aktien können Sie gut und einfach mit Absicherungsinstrumenten schützen. Aber spätestens dann, wenn Sie einen aktiv geführten Fonds oder kleinere Aktien-Nebenwerte im Depot haben, versagt das Absicherungssystem, da es für diese Wertpapiere keine passenden Instrumente gibt. Solche Positionen können Sie nicht absichern. Daher bleibt hier der Traum vom 100-Prozent-Depot-Schutz ein Traum.

Betrachten Sie daher Absicherungsinstrumente wie Short-ETFs oder Put-Optionsscheine als das, was sie sind: gute Schutz-Instrumente für kurzzeitig unsichere Zeiten. Keinesfalls aber eignen sie sich als Dauerlösung. Damit kommen wir jetzt zu einer vermeintlich probaten Lösung, die von den verschiedenen Depot-Banken und Anlageportalen häufig als gutes Mittel zum Schutz gegen Verluste angepriesen wird: Stop-Loss-Orders in drei verschiedenen Varianten. Lesen Sie im Folgenden, wie diese Orders funktionieren und was davon zu halten ist.

Verlustbegrenzung mit Stop-Loss-Marken

Sie haben es im vorigen Abschnitt gelesen: Für die kurzfristige Depot-Absicherung lassen sich Optionsscheine und Optionen, Hebel-Zertifikate und Short-ETFs einsetzen. Aber nicht zwangsläufig brauchen Sie Wertpapiere oder Terminkontrakte für diesen Zweck. Es gibt auch bestimmte Wertpapierorders, die darauf abzielen, Kursverluste zu begrenzen. In diesem Kapitel lernen Sie die wichtigsten kennen.

Es handelt dabei immer um Verkaufsorders für die Wertpapiere in Ihrem Depot, die an eine bestimmte Bedingung geknüpft sind und ausgeführt werden, wenn diese Bedingung erfüllt ist – sogenannte Stop-Loss-Orders. Stop-Loss-Orders können Sie bei allen gängigen Wertpapieren einsetzen, also nicht nur bei Aktien, sondern beispielsweise auch bei Investmentfonds, ETFs, Zertifikaten und Optionsscheinen.

Von besagten Stop-Loss-Orders gibt es gleich drei verschiedene, die immer wieder als Absicherungsmöglichkeit angepriesen werden. Wenn Sie in der Ordermaske Ihres Brokers einen Wertpapierverkauf in Auftrag geben, dann finden Sie im Klappmenü unter der Überschrift »Ordertyp« oder »Orderart« verschiedene Auswahlmöglichkeiten. Neben den gängigsten Ordertypen »Market« (Verkauf zum aktuellen Marktkurs, manchmal auch als »Bestens« angezeigt) und »Limit« (Verkauf zu einem von Ihnen vorgegebenen Mindestpreis) sehen Sie je nach Börsenplatz und Depot-Bank die folgenden Ordertypen (oder manchmal auch nur eine oder zwei davon):

> »Stop Loss«
> »Trailing Stop Loss«
> »Stop Loss Limit« beziehungsweise »Stop Limit«

Über diese Ordertypen kursieren viele Halb- und Unwahrheiten im Hinblick auf das, was sie zur Verlustbegrenzung beitragen können. Deshalb sollten Sie sich unbedingt mit der genauen Funktionsweise auseinandersetzen, bevor Sie sie verwenden. Nur dann können Sie auch beurteilen, inwiefern sich die verschiedenen Varianten der Stop-Loss-Order für Ihre Zwecke eignen.

Stop Loss: Sie legen den Verkaufsauslöser fest, nicht aber den Verkaufskurs

Eine Stop-Loss-Order ist im Prinzip ein Wertpapierverkauf. Sie geben dafür in der Ordermaske Ihrer Depot-Bank eine Verkaufsorder auf und wählen den Ordertyp oder die Orderart »Stop Loss«. Anschließend werden Sie zur Eingabe des Kurses aufgefordert, der als Stop-Loss-Marke fungieren soll. Üblicherweise liegt der Stop-Loss-Kurs 20 oder 30 Prozent unter dem aktuellen Kurswert. Denn verkauft werden soll ja nur, wenn der Kurs deutlich fällt. Gefragt ist allerdings in der Regel ein Euro-Betrag und keine Prozentangabe. Das heißt: Liegt der Kurs einer Aktie, die Sie via Stop Loss absichern möchten, aktuell bei 100 Euro, dann können Sie beispielsweise 80 Euro als Stop-Loss-Marke festlegen. Handelt es sich um ein Wertpapier, das laufend – auch bei einem insgesamt intakten Aufwärtstrend stärker schwankt, wählen Sie eine Stop-Loss-Marke von 70 Euro.

Wie eine Stop-Loss-Order funktioniert

Was bedeutet dies nun? Ganz einfach: Sobald der Kurs der besagten Aktie auf die eingegebene Stop-Loss-Marke fällt oder diese Schwelle sogar unterschreitet, wird die Aktie automatisch verkauft. Solange aber die Marke weder berührt noch unterschritten wird, verbleibt die betreffende Aktie in Ihrem Depot und die Order unausgeführt. Jetzt könnte man meinen, das wäre doch eine perfekte Möglichkeit, sich gegen fallende Kurse abzusichern. Aber leider ist das nicht der Fall. Denn Stop-Loss-Orders haben einen dicken Haken: **Sie bestimmen nur den Auslöser, aber nicht den Verkaufspreis.**

Der Stop-Loss-Kurs, den Sie eingegeben haben, ist kein Mindestpreis. Sie definieren damit lediglich die Kursschwelle, die einen automatischen Verkauf auslöst. Keineswegs haben Sie damit die Garantie, dass der Verkauf auch zum eingegebenen Stop-Loss-Kurs durchgeführt wird. Vielmehr verwandelt sich Ihre Order nach dem Berühren oder Unterschreiten der Stop-Loss-Marke in eine sogenannte Market-Order. Das heißt: Ausgeführt wird Ihre Order dann zum Marktpreis und damit zur nächstgültigen Kursfeststellung. Im Zusammenhang mit Stop-Loss-Orders sind somit drei verschiedene Szenarien denkbar:

1. **Der Kurs fällt weiter,** nachdem die Stop-Loss-Marke erreicht oder unterschritten wurde. Dann bekommen Sie für Ihre Aktie weniger als ursprünglich vorgesehen. Angenommen, Sie haben bei einer 100-Euro-Aktie eine Stop-Loss-Marke von 80 Euro eingegeben. Einige Wochen später spielt der Aktienmarkt tatsächlich verrückt. Die Bären haben das Ruder übernommen, und auf breiter Front rauschen die Kurse in den Keller. Innerhalb kürzester Zeit verlieren auch solide Substanzwerte massiv an Wert, zu denen vielleicht auch Ihre Aktie gehört. Es kann in einer solchen Situation durchaus passieren, dass Sie nur noch 75 oder gar 70 Euro für Ihre Aktie bekommen. Ihr Verlust liegt dann bei 25 oder 30 Prozent, obwohl Sie Ihre Stop-Loss-Schwelle doch eigentlich bei 20 Prozent unter dem ursprünglichen Aktienkurs platziert hatten. Viele Anleger wissen das nicht. Sie glauben, die Stop-Loss-Marke wäre ein Garantiepreis, den sie auf jeden Fall beim automatischen Verkauf der Aktie bekämen. Das ist jedoch keineswegs der Fall!

2. **Der Kurs ändert sich nicht,** nachdem die Stop-Loss-Marke erreicht oder unterschritten wurde. Dann – und nur dann – ist Ihr Verkaufspreis gleich der Stop-Loss-Marke. In der Praxis kommt das aber vergleichsweise selten vor. Denn die Börsenkurse verharren in der Regel nicht lange auf demselben Niveau, in volatilen Börsenphasen schon gar nicht.

3. **Der Kurs steigt wieder an,** nachdem die Stop-Loss-Marke erreicht oder unterschritten wurde. Beispiel: Sie haben die oben genannte Aktie zu einem Kurs von 100 Euro im Depot und 80 Euro als Stop-Loss-Marke eingegeben. Angenommen, die Aktie fällt nur kurz auf den Wert von 80 Euro zurück, steigt dann aber gleich wieder auf 83 Euro. Das reicht, um Ihre Verkaufsorder auszulösen, denn die Auslösebedingung ist erfüllt worden. Ihre Aktie wird dann zur nächstgültigen Kursfeststel-

lung verkauft, also für besagte 83 Euro. Das bedeutet: Trotz eines neuerlichen Kursanstiegs sind Sie Ihre Aktie los – und das womöglich, obwohl die weitere Entwicklung gar nicht so schlecht aussieht.

Was eigentlich der Vorteil einer Stop-Loss-Order sein sollte, entpuppt sich in der Praxis als handfester Nachteil: Das System fragt nicht danach, warum der Kurs auf oder unter die Stop-Loss-Marke gefallen ist. Es fragt auch nicht danach, wie die weitere Kursentwicklung aussieht und ob Sie als Aktionär mit dem Ausführungskurs Ihrer Verkaufsorder einverstanden sind. Es verkauft einfach automatisch, wenn die Bedingung (Erreichen oder Unterschreiten der Stop-Loss-Marke) erfüllt ist. Das Ergebnis ist für Sie als Depotinhaber selten zufriedenstellend.

Besonders verlustreich: Stop-Loss-Orders bei Short-Attacken

Sehen wir uns das oben geschilderte dritte Szenario noch einmal genauer an: Mitunter fällt der Kurs einer Aktie innerhalb einer sehr kurzen Zeitspanne rasant nach unten, erholt sich danach aber wieder erstaunlich schnell. Bei einer solchen Kursentwicklung haben Sie mit einer Stop-Loss-Order das Nachsehen, und sie kommt häufiger vor, als Sie womöglich denken. Denn es gibt am Aktienmarkt unzählige Spekulanten, die Interesse daran haben, den Kurs bestimmter Aktien mithilfe von Leerverkäufen kurzfristig in den Keller zu jagen. Mit solchen sogenannten Short-Attacken lässt sich am Markt viel Geld verdienen. Das funktioniert in der Regel so: Ein Marktteilnehmer verkauft ein Aktienpaket, das er gar nicht hat. Meist hat er es sich vorher von einem anderen Marktteilnehmer geliehen, zum Beispiel von einem Investmentfonds. Diese Aktien verkauft er dann an der Börse in der Hoffnung, sich später zu einem günstigeren Kurs wieder damit eindecken zu können. Das gelingt ihm, wenn der

Markt in seinem Sinne reagiert. Denn sein Verkauf führt aufgrund des hohen Ordervolumens oft schon von allein zu fallenden Kursen, zumal die anderen Marktteilnehmer denken: »Es muss doch einen Grund geben für einen solchen Kursverfall.« Darum verkaufen sie ebenfalls. Oder es wird – eben durch Stop-Loss-Marken – eine Reihe von automatischen Verkäufen ausgelöst. Geht seine Strategie auf, kann der Leerverkäufer das Aktienpaket kurze Zeit später verbilligt zurückkaufen, um es danach wieder an den Verleiher zurückzugeben. Er verdient auf diese Weise viel Geld an der Differenz zwischen ursprünglichem Aktienkurs und späterem, gefallenen Aktienkurs. Allerdings bleibt der Kurs nicht zwangsläufig im Keller. Oft steigt er wieder, schließlich muss der Leerverkäufer selbst die Aktie in gleichem Umfang wieder kaufen, und damit sorgt er für Nachfrage. Derlei Short-Attacken lassen sich nachträglich im Chart leicht identifizieren – quasi als Kursausschlag in Form einer spitzen, nach unten zeigenden Nadel. Stellen Sie sich vor, Sie hätten die betreffende Aktie im Depot und eine schwebende Stop-Loss-Verkaufsorder in Ihrem Orderbuch. Es wäre doch zu dumm, wenn Ihre Stop-Loss-Order nur aufgrund einer solchen Short-Attacke ausgeführt würde, sprich just nahe dem Tiefstkurs.

Beispiel Wirecard im Frühjahr 2019

Solche Short-Attacken gab es beispielsweise Anfang 2019 auf die Aktie des Zahlungsdienstleisters Wirecard. Als Gerüchte über Unregelmäßigkeiten bei einer Wirecard-Tochter in Singapur aufkamen, nutzten Leerverkäufer dies gezielt für ihre Spekulation auf fallende Kurse. Die *Financial Times* hatte über Scheinumsätze und die Fälschung von Dokumenten durch Wirecard-Mitarbeiter in Singapur berichtet – Vorwürfe, die das Unternehmen entschieden zurückwies. Die Gerüchteküche brodelte und Leerverkäufer wurden aktiv. Schauen Sie sich dazu den folgenden Ausschnitt des Wirecard-Charts an, der vom September 2018 bis zum April 2019 reicht.

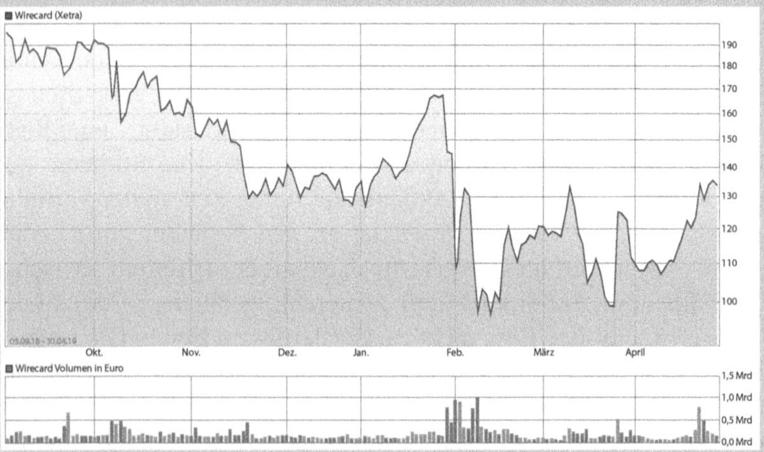

Wirecard Kursverlauf und Börsenumsätze von September 2018 bis April 2019, Quelle: www.ariva.de

Sie können die Short-Attacken Ende Januar/Anfang Februar 2019 sehr deutlich erkennen – nicht nur an den rasanten, abwärts gerichteten Kursausschlägen im Chart, sondern auch an den extrem hohen Umsätzen, die zum betreffenden Zeitpunkt getätigt wurden – letztere sehen Sie im kleineren Diagramm unterhalb des Chartbildes. Bei Wirecard bestand der Verdacht auf Betrug und verbotene Kursmanipulation durch bestimmte Marktteilnehmer und einen Börsenjournalisten, weshalb die Börsenaufsicht BaFin Leerverkäufe dieser Aktie von Mitte Februar bis Mitte April verbot und die Staatsanwaltschaft München entsprechende Ermittlungen gegen einige Spekulanten und deren Helfer aufnahm. Doch seien wir ehrlich: Was an den Vorwürfen dran ist, spielt für diejenigen Aktionäre gar keine Rolle mehr, die Wirecard Anfang Februar im Depot hatten und mit einer Stop-Loss-Marke absichern wollten: Sie dürften nämlich durch die automatische Auslösung ihrer Stop-Loss-Order zu Tiefstkursen verkauft haben, bevor sich das Papier anschließend wieder erholte. Dass sie später Schadenersatz gegenüber den Betrügern geltend machen können, wenn sich der Verdacht auf Kursmanipulation erhärtet, ist höchst unwahrscheinlich.

Übrigens muss kein Betrug im Spiel sein, um bei Short-Attacken wegen Stop-Loss-Orders das Nachsehen zu haben. Auch Gewinnwarnungen und plausible Gerüchte sind für Leerverkäufer ein Vehikel, um einen Aktienkurs kurzfristig in Richtung Süden zu schicken. Reagiert der Markt im Sinne des Leerverkäufers auf die Short-Attacken, werden immer mehr automatische Stop-Loss-Orders ausgelöst und die einstigen Besitzer der betreffenden Aktien oder sonstigen Wertpapiere erleiden heftige Verluste. Doch nicht nur Short-Attacken können für heftige, aber nicht unbedingt andauernde Kursausschläge nach unten sorgen. Einen anderen Grund lernen Sie im nächsten Abschnitt kennen.

Vorsicht mit Stop-Loss-Marken bei Aktien mit geringen Handelsumsätzen

Eine Reihe von Aktien weist regelmäßig recht starke Kursbewegungen auf: Es geht um diejenigen Werte, die nur vergleichsweise selten gehandelt werden und bei denen an den verschiedenen Börsenplätzen nicht jederzeit ein ausreichend großes Angebot auf eine ausreichend große Nachfrage trifft. Man spricht hier von Aktien, die »illiquide« oder »wenig liquide« sind.

In diese Kategorie fallen zum einen kleinere Nebenwerte (Small Caps), in die gerade die institutionellen Investoren wie Investmentfonds, große Stiftungen oder Versicherungen, die viel Geld anlegen müssen, einfach nicht so häufig ordern. Zum anderen sind aber durchaus auch diverse, hierzulande nicht so bekannte oder beliebte Auslandswerte betroffen, und darunter sind durchaus auch Standardwerte (Blue Chips), etwa aus den asiatischen Ländern oder aus Australien.

Wie liquide, also wie häufig gehandelt eine Aktie ist, hängt auch vom gewählten Börsenplatz ab: Dass an der Börse Tokio japanische Aktien häufiger den Besitzer wechseln als etwa an der Börse Frankfurt, versteht sich von selbst. Und bei Betrachtung allein der deutschen Börsenplätze gibt es ebenfalls Unterschiede: An kleineren Börsenplätzen wie Hamburg, München, Stuttgart oder Düsseldorf läuft weniger Handel als etwa bei der deutschen Leitbörse Xetra, einer rein elektronischen Handelsplattform. Gleichwohl gilt: Bei wenig liquiden Aktien ist eine stetige Kursfeststellung nicht immer gegeben. Der Kurs schwankt entsprechend heftig. Denn bei solchen Aktien sorgt jede größere Kauf- oder Verkaufsorder für ein deutliches Übergewicht auf der Angebots- beziehungsweise Nachfrageseite, die sich wiederum als Kursanstieg oder Kursrutsch bemerkbar macht.

Verstärkt wird dieser Effekt noch durch die beteiligten Börsenmakler oder elektronischen Systeme an den jeweiligen Handelsplätzen. Denn ihre Aufgabe besteht darin, auch illiquide Aktien liquide, also jederzeit handelbar zu machen. Deshalb nehmen sie solche Aktien häufig zunächst auf ihre eigenen Bücher. Sie kaufen oder verkaufen diese also zunächst auf eigenes Risiko, wenn für eine hereinkommende Order zum Zeitpunkt, an dem sie eintrifft, gerade kein entsprechendes Gegenangebot vorliegt. Gleichwohl müssen sie sicherstellen, dass sich eine spätere Kursänderung nicht zu ihren Ungunsten auswirkt: Sie werden eine angebotene Aktie daher nur mit einem vergleichsweise hohen Abschlag kaufen; und sie werden eine solche Aktie nur mit einem vergleichsweise hohen Aufschlag verkaufen. Nur so erleiden sie keine Verluste, auch wenn sie die gekaufte Aktie später nur noch zu einem niedrigeren Kurs losschlagen können beziehungsweise später nur zu einem höheren Kurs wieder erwerben zu können. Auch das sorgt bei kleinen Nebenwerten und Auslandsaktien mitunter für recht starke Kursbewegungen.

Wenn Sie bei illiquiden Aktien eine Stop-Loss-Order einstellen, dann laufen Sie Gefahr, dass diese Order recht schnell ausgeführt und die betreffende Aktie verkauft wird. Das gilt selbst dann, wenn Sie einen vergleichsweise großen Abstand zwischen Ihrer Stop-Loss-Marke und dem ursprünglichen Aktienkurs gewählt haben. Häufig ist aber der Kursrutsch, der den Verkauf auslöst, einfach nur der fehlenden Liquidität geschuldet. Er ist kein Zeichen für schlechtere Aussichten des betreffenden Unternehmens oder gar für eine Bärenphase an der Börse. Bei einem solchen Verkauf werden Sie also auch aussichtsreiche Aktien allzu schnell los – und verpassen die Chance einer Kurserholung. Auch wenn Sie das Papier jederzeit wieder kaufen könnten: Transaktionskosten entstehen dabei gleichwohl. Bei wenig liquiden beziehungsweise selten gehandelten Aktien sind Stop-Loss-Orders daher nicht empfehlenswert.

Einzig sinnvolle Einsatzmöglichkeit: Knock-out-Zertifikate

Stop-Loss-Kurse zur Absicherung gegen Verluste eignen sich jedoch für Anleger, die kurzfristig mit Hebel-Zertifikaten spekulieren oder diese zur Absicherung einsetzen. Denn das wissen Sie bereits aus dem entsprechenden Abschnitt in diesem Buch: Bei solchen Hebel-Zertifikaten gibt es meistens eine eingebaute Knock-out-Schwelle. Wenn der Kurs des Basiswerts diese Knock-out-Schwelle erreicht oder unterschreitet (bei Puts, sprich Hebel-Zertifikaten, die auf fallende Kurse setzen: überschreitet), verfällt das betreffende Zertifikat wertlos. Eine Stop-Loss-Order kann dafür sorgen, dass das nicht passiert, weil das betreffende Papier automatisch vorher verkauft wird. Allerdings muss die Stop-Loss-Marke mit ausreichendem Abstand zur Knock-out-Schwelle platziert werden, damit die Verkaufsorder noch rechtzeitig greift, bevor es zu spät ist. Da wir aber solche Hebel-Zertifikaten für einen langfristigen Vermögensaufbau nicht empfehlen, sei dies nur am Rande erwähnt.

Fazit: Mit Stop-Loss-Marken erhalten Sie nur scheinbare Sicherheit

Auch wenn Stop-Loss-Orders in der Börsenliteratur häufig als gutes und sinnvolles Mittel zur Verlustbegrenzung empfohlen werden, raten wir davon in den meisten Fällen ab. Denn die versprochene Risikobegrenzung funktioniert nicht hinreichend gut. Die Gründe noch einmal kurz in der Zusammenfassung:

- Der Stop-Loss-Kurs ist so gut wie nie der tatsächliche Ausführungskurs.
- Ihre Aktien werden auch dann verkauft, wenn sich der Kurs später in Ihrem Sinne wieder erholt.
- Außerdem kommt es auch bei soliden Aktien immer wieder zu Kursverlusten, für die es keinerlei fundamentale Begründung gibt. Solange diese Unternehmen gutes Geld verdienen, gute Dividenden ausschütten und weiterhin gute Aussichten haben, gibt es keinen Grund, sie nur wegen eines Kursrückgangs automatisch aus dem Depot zu werfen.
- Überdies führen gezielt durch Leerverkäufer herbeigeführte kurzfristige Kursverluste dazu, dass Sie womöglich aufgrund gesetzter Stop-Loss-Marken ausgerechnet zu Tiefstkursen verkaufen.
- Schließlich verbieten sich Stop-Loss-Orders bei nur selten gehandelten Aktien schon deshalb, weil hier zeitweilig starke Kursausschläge – nach oben wie auch nach unten – keine Seltenheit sind, aber nichts über die weitere Entwicklung der betreffenden Aktie aussagen.

Mit Stop-Loss-Marken bekommen Sie folglich nur eine Scheinsicherheit, erreichen aber nicht die gewünschte Begrenzung Ihrer Verluste. Eine Ausnahme bilden Hebel-Zertifikate und ähnliche Hebel-Instrumente, bei denen Stop-Loss-Marken ratsam sind, um einen Knockout zu umgehen, sprich den wertlosen Verfall der jeweiligen Papiere. Bei qualitativ hochwertigen Aktien empfehlen wir, besser nicht mit Stop-Loss-Orders zu arbeiten. Besser sind mentale Stop-Loss-Marken, zu denen Sie am Schluss dieses Kapitels nähere Informationen finden.

Trailing Stop: automatische Anpassung an steigende Kurse

Wie eine Stop-Loss-Order funktioniert, wissen Sie nun. Idealerweise bleibt eine solche Verkaufsorder unausgeführt, weil die eingegebene Stop-Loss-Marke niemals erreicht oder unterschritten wird und die Kurse mehr oder weniger stetig steigen. Dann allerdings gibt es ein zusätzliches Problem: Der Abstand zwischen dem aktuellen Kurs des betreffenden Depotwerts und der eingegebenen Stop-Loss-Marke vergrößert sich immer mehr. Aus 20 oder 30 Prozent werden schnell 50. Um die zwischenzeitlich erzielten Gewinne abzusichern, müsste die Stop-Loss-Marke eigentlich stetig an die steigenden Kurse angepasst werden, was bedeutet: Sie müssten eine einmal eingegebene Stop-Loss-Order streichen und eine neue mit höherer Stop-Loss-Marke eingeben. Manche Börsen und Depot-Banken nehmen Ihnen diese Arbeit allerdings ab: mit der Möglichkeit, einen »Trailing Stop« zu platzieren.

So funktioniert ein Trailing Stop

Die angebotene Lösung ist abermals eine bedingte Verkaufsorder, die bei einer bestimmten Kursmarke ausgeführt wird. Die entsprechende Orderart heißt »Trailing Stop« oder auch »Trailing Stop Loss«. Das englische Wort »trailing« bedeutet übersetzt »verfolgen«, und der Name ist Programm: Die Stop-Loss-Marke folgt der laufenden Kursentwicklung. Allerdings geschieht das nur, wenn der Kurs in die gewünschte Richtung läuft – sprich, in der Regel aufwärts. Konkret definieren Sie bei einem Trailing Stop einen festen Abstand zwischen einem neu erreichten Höchstkurs und Ihrer Stop-Loss-Marke. Diesen Abstand können Sie wahlweise als absolute Größe definieren, also als Geldbetrag. Sie können stattdessen manchmal aber auch einen prozentualen Abstand eingeben, zum Beispiel immer 25 Prozent unter jedem bislang erreichten Höchstkurs.

Das heißt: Der Stop-Loss-Kurs wird nachgezogen, wenn sich der Kurs nach oben bewegt. Er wird aber nicht verändert, wenn der Kurs sich nach unten bewegt, denn das würde dem Sinn einer Stop-Loss-Order ja zuwiderlaufen. Auch hier gilt: Wird die Stop-Loss-Marke von der aktuellen Kursentwicklung berührt oder durchbrochen, löst das automatisch einen Verkauf der betreffenden Depot-Position aus.

Fazit: Auch ein Trailing Stop löst Ihre Probleme nicht

Ist nun ein Trailing Stop elementar besser als eine normale Stop-Loss-Order? Das lässt sich in einem Wort beantworten: Nein. Denn das Nachziehen der Stop-Loss-Marke löst die oben geschilderten Probleme nicht. Lediglich ein kleinerer Knackpunkt wird damit beseitigt: Stop-Loss-Marke und aktueller Börsenkurs klaffen bei einer erwünschten und erwarteten Kursentwicklung nicht in zunehmendem Maße auseinander. Alle anderen Schwierigkeiten bleiben bestehen. Ein Trailing Stop ist daher (von den geschilderten Ausnahmen abgesehen) genauso wenig empfehlenswert wie eine normale Stop-Loss-Order.

Stop-Limit-Order: Auch das macht die Absicherung nicht besser

Der Stop-Loss-Kurs ist nicht zugleich der Ausführungskurs Ihrer automatisch ausgelösten Verkaufsorder.

Das wissen Sie jetzt. Prompt werben diverse Börsen und Depot-Banken mit einer Orderart, die auf den ersten Blick tatsächlich eine gute Lösung zu sein scheint: eine Kombination aus Stop-Loss- und Limit-Order, genannt »Stop Loss Limit«, »Stop Limit« oder auch »limitierte Stop-Loss-Order«. Abermals handelt es sich um eine bedingte Verkaufsorder, aber hier geben Sie gleich zwei Kursschwellen ein:

- Die erste ist die Stop-Loss-Marke. Sie bestimmt, wann die Verkaufsorder automatisch ausgelöst wird.
- Die zweite ist das Limit: Damit legen Sie fest, welchen Mindestpreis Sie bei Verkauf Ihrer Wertpapiere noch erreichen wollen.

Wo der Haken einer Stop-Limit-Order liegt

Betrachten wir zu Vergleichszwecken noch einmal die normale Stop-Loss-Order: Kaum hat der Kurs des betreffenden Wertpapiers die eingegebene Stop-Loss-Marke erreicht oder unterschritten, wird daraus eine Market-Order. Die Order wird also sofort ausgeführt, und zwar zur nächstgültigen Kursfeststellung.

Im Unterschied dazu verwandelt sich eine Stop-Limit-Order nach dem Erreichen oder Unterschreiten der Stop-Loss-Marke in eine Limit-Order. Hierzu müssen Sie unbedingt wissen: Limit-Orders werden an den Börsen stets nachrangig behandelt. Sprich: Solche Verkaufsaufträge kommen erst zum Zuge, wenn vorher alle unlimitierten Verkaufsorders anderer Marktteilnehmer abgewickelt worden sind.

Mit Ihrer Stop-Limit-Order stehen Sie also in der Schlange der Verkaufswilligen ganz hinten – und alle Marktteilnehmer, die wahlweise Orders vom Typ »Market« beziehungsweise »bestens« oder Orders vom Typ »Stop Loss« beziehungsweise »Trailing Stop« platziert haben, kommen vor Ihnen dran. Gerade bei schlechten Nachrichten, die eine bestimmte Aktie oder Branche betreffen, wird es wahrscheinlich sehr viele Verkaufsorders geben, die vorrangig ausgeführt werden.

Was aber passiert, wenn der Kurs anschließend niedriger ist als Ihr Limit, sprich Ihr gewünschter Mindestpreis? Ganz einfach: Dann bleibt Ihre Stop-Limit-Order unausgeführt. Diese Form der angeblichen Verlustbegrenzung ist damit nichts als Augenwischerei. Im entscheidenden Moment droht sie zu versagen. Aus diesem Grund raten wir Ihnen auch von einer Stop-Limit-Order ab. Sie eignet sich zur Depot-Absicherung sogar noch weniger als Stop-Loss- und Trailing-Stop-Order, weil Sie im Ernstfall damit rechnen müssen, dass Ihre Aktie gar nicht verkauft wird.

Mentale Stop-Loss-Marken: sinnvollste Lösung – aber auch hier gibt es kleinere Schwächen

Keine der drei Stop-Loss-Orders ist somit als »Wunderwaffe« zur Absicherung gegen Kursverluste zu gebrauchen – außer bei Hebel-Zertifikaten und ähnlichen Hebel-Instrumenten. Gleichwohl brauchen Sie ein vernünftiges Risiko-Management. Eine mögliche Lösung sind mentale Stop-Loss-Marken.

Funktionsweise mentaler Stop-Loss-Marken

Sie überlegen sich nach einem Kauf von Aktien oder anderen Wertpapieren, wo Ihre persönliche Schmerzgrenze liegt. Wie tief darf der Aktienkurs fallen? Vermutlich werden Sie als Anleger kaum mehr als 20 bis 30 Prozent unter dem Einstiegskurs akzeptieren. Anders als bei der automatischen Stop-Loss-Order geben Sie Ihrer Depot-Bank jedoch keine Verkaufsorder, die bei Erreichen oder Unterschreiten einer von Ihnen vorgegebenen Schwelle automatisch ausgelöst wird. Sie notieren sich lediglich Ihre mentale Stop-Loss-Marke und beobachten anschließend die weitere Kursentwicklung.

Steigt der Kurs, ist alles in bester Ordnung. Sinkt der Kurs dagegen in Richtung Stop-Loss-Marke, müssen Sie aktiv werden. Es geht nun darum herauszufinden, warum der Kurs gefallen ist. Klare Gründe, die für einen Verkauf sprechen, wären beispielsweise:

- Gewinnwarnungen ohne die Aussicht auf Besserung
- schlechte Halbjahres- oder Jahreszahlen verbunden mit schlechten Aussichten

- schlechte Unternehmensnachrichten in einem ansonsten positiven Börsenumfeld
- schlechte Aussichten für die Branche, in der das betreffende Unternehmen tätig ist, oder für das Land beziehungsweise die Region, in der das betreffende Unternehmen ansässig ist (z. B. für britische Aktien wegen des Brexit)
- ein Management, das keine klare Strategie verfolgt, sondern einen Zickzack-Kurs fährt
- die zu teure Übernahme von Konkurrenten beziehungsweise sonstigen Unternehmen
- laufende und drohende Gerichtsverfahren, die zu hohen Schadenersatzforderungen führen könnten (z. B. bei Monsanto nach der Übernahme durch den Chemiekonzern Bayer, hier sieht sich Bayer mit einer Klagewelle wegen des potenziell krebserregenden Unkrautvernichtungsmittels Glyphosat konfrontiert)

In solchen Fällen sollten Sie zur Verlustbegrenzung eine Verkaufsorder aufgeben. Die Wahrscheinlichkeit, dass sich eine solche Aktie von ihren Kursverlusten erholt, ist schlichtweg zu gering. Viel eher wird der Kurs in Zukunft weiter sinken.

Anders sieht es aus, wenn sich der Kurs eines eigentlich erfolgreichen Unternehmens negativ entwickelt ganz einfach, weil der Gesamtmarkt schwächelt oder die Aktie gerade nicht den gängigen Modetrends entspricht, auf die die Anleger derzeit stehen. Auch in einer solchen Situation kann ein Aktienkurs kurzzeitig deutlich unter Druck geraten, selbst wenn das zugehörige Unternehmen grundsolide ist und keine schlechten Zukunftsperspektiven hat. In einem solchen Szenario wäre ein Verkauf kontraproduktiv. Stattdessen bietet sich eine Haltestrategie an. Sie können ziemlich sicher sein: Der Kurs wird sich in absehbarer Zeit wieder erholen. Langfristig geht es an den Börsen aufwärts; und auch Modetrends dauern an den Kapitalmärkten nicht ewig an. Sie können die jüngsten Kursverluste sogar zu Ihren Gunsten ausnutzen und die betreffende Aktie günstiger nachkaufen.

Fazit: Es gibt viele Vorteile – aber auch Nachteile

Mit einer mentalen Stop-Loss-Strategie können Sie unnötige Verkäufe vermeiden und zudem Transaktionskosten sparen. Denn Verkäufe werden wirklich nur durchgeführt, wenn sie aus Ihrer Sicht fundamental gerechtfertigt sind. Verkäufe aufgrund von kurzfristig gefallenen Kursen oder bei manchen Aktien durchaus gängigen Kursschwankungen sind ausgeschlossen. Dennoch hat auch diese Strategie Schwächen:

- Sie müssen die Kursentwicklung und Nachrichtenlage regelmäßig verfolgen. Der Zeitaufwand ist größer als bei einer automatischen Stop-Loss-Order. Zudem können Sie sich mit mentalen Stop-Loss-Marken nicht einfach für vier Wochen ohne Internet- und Depot-Zugang in den Urlaub verabschieden. Schließlich müssen Sie die laufende Kursentwicklung verfolgen, um schnell reagieren zu können, falls die Kurse fallen.

- Sie sollten außerdem genügend Fachwissen haben, um beurteilen zu können, ob der Aktienkurs nur kurzfristig gefallen ist, weil der Gesamtmarkt schwächelt, oder ob es Probleme im operativen Geschäft oder der betreffenden Branche gibt.

- Sie müssen ein entscheidungs- und handlungsfreudiger Mensch sein. Mit mentalen Stop-Loss-Marken werden Sie nicht glücklich, wenn Sie bei Verlusten lieber den Kopf in den Sand stecken und notwendige Entscheidungen hinauszögern.

- Ihre Reaktion erfolgt nicht sofort, wenn die Kurse fallen, sondern immer erst verzögert. Denn es kann einige Zeit dauern, bis Sie einen Kursverlust mitbekommen. Zudem braucht es ebenfalls Zeit, um erst zu prüfen, ob ein Verkauf angebracht ist. Der Zeitverlust ist allerdings nicht ausschließlich nachteilig: Oft ist eine Entscheidung sehr viel besser, wenn Sie eine

Nacht darüber geschlafen oder doch wenigstens einige Stunden darüber nachgedacht haben. Nur bei rapide fallenden Kursen ohne jede Zwischenerholung wirkt sich die Verzögerung wirklich negativ aus.

Kurzfristige Depot-Absicherung: Keine Lösung ist dauerhaft sinnvoll

In diesem Kapitel haben Sie nun alle Möglichkeiten kennengelernt, die zur kurzfristigen Depot-Absicherung empfohlen werden. Das Ergebnis ist durchwachsen.

Zwar können Sie durch den Kauf bestimmter **Absicherungsinstrumente** Ihr Verlustrisiko kurzfristig begrenzen. Dafür kommen etwa Optionsscheine und Short-ETFs infrage. Deren Einsatz kann sehr beruhigend sein, etwa wenn Sie für einige Zeit in den Urlaub fahren oder sich aus anderen Gründen nicht um Ihr Depot kümmern können. Doch sind die Kosten für solche Instrumente zu hoch, als dass ein dauerhafter Einsatz infrage käme.

Bei den **Ordertypen**, die in der Börsenliteratur häufig als probates Mittel zur Verlustbegrenzung empfohlen werden, eignet sich keine einzige dazu, Ihr Depot nachhaltig abzusichern. Ob Stop Loss, Trailing Stop oder Stop Limit: Sie überhaupt nur als »Verlustbegrenzer« zu bezeichnen, ist reine Augenwischerei. Nur mentale Stop-Loss-Limits sind empfehlenswert – sie funktionieren aber nicht bei Abwesenheit.

Folglich gibt es nur einen Königsweg, die gewünschte Sicherheit doch noch für Ihr Depot herzustellen: Setzen Sie auf langfristige Absicherung. Wie Sie das bewerkstelligen, lernen Sie in Teil 2 dieses Buches kennen.

simplified

Teil 2: Langfristige Depot-Absicherung – der Königsweg

Eine kurzfristige Depot-Absicherung kostet entweder Geld, erfordert korrekte Prognosen innerhalb einer vergleichsweise kurzen Zeitspanne oder sie funktioniert nicht hinreichend. Das sind die Erkenntnisse aus dem ersten Teil dieses Buches. Folglich kann es nur einen guten Weg geben, für die gewünschte Sicherheit im Depot zu sorgen: eine langfristige und möglichst nachhaltige Geldanlage. Mehrere Bausteine kommen hier infrage – auch wenn sich nicht alle gleich gut eignen:

> Liquiditäts-Management (inkl. Einlagensicherung)
> Money Management
> die Wahl des richtigen Anlagehorizonts
> eine vernünftige Streuung
> die Nutzung von Sparplänen
> der Kauf von Wertpapieren mit eingebautem Kapitalschutz
> der Einsatz von Gold zum Schutz gegen Krisen
> die Auswahl von möglichst soliden Value-Aktien

In diesem Teil stellen wir Ihnen diese einzelnen Bestandteile einer langfristigen Absicherungsstrategie mit ihren spezifischen Vor- und Nachteilen vor.

Liquiditäts-Management: nicht alles Geld an der Börse investieren

Angesichts jahrelanger Niedrig- beziehungsweise Nullzinspolitik der Europäischen Zentralbank liegt es nahe, nach rentablen Alternativen zu Sparbuch, Sparbrief oder Festgeldkonto zu suchen. Aus unserer Sicht verbieten sich geschlossene Fonds, Crowdfunding, Kryptowährungen, außerbörsliche Anleihen und Genussscheine sowie der Kauf von »echten« Sachwerten wie Containern, Industrie-Leuchtmitteln, Zuchtanlagen für Edelfische oder stehendem Holz. Denn solche Geldanlagen sind in aller Regel intransparent, mit extrem hohen Kosten belastet und zumeist weit risikoreicher, als von den Anbietern dargestellt. Außerdem haben Sie auf das investierte Geld häufig über Jahre hinweg keinen Zugriff, da es über die gesamte Laufzeit hinweg gebunden ist. Dass sich auf dem Grauen Kapitalmarkt zudem viele Betrüger tummeln, die arglosen Anlegern das Geld aus der Tasche ziehen, um sich selbst davon ein Luxusleben zu finanzieren, kommt leider auch nicht so selten vor. Von derlei Geldanlagen lassen Sie also besser die Finger.

Folglich führt an Börsen-Investments so gut wie kein Weg vorbei, um die finanzielle Vorsorge zu bewerkstelligen. Allerdings ist hier zunächst eine Warnung angebracht. Denn es wäre verkehrt, all Ihre flüssigen Mittel an der Börse zu investieren.

Eine Notreserve gehört aufs Tagesgeldkonto

Bevor Sie Investments tätigen, müssen Sie sich darüber im Klaren sein, wie viel Geld Sie langfristig entbehren und für sich arbeiten lassen können und was Sie womöglich bald schon wieder benötigen könnten. Es wäre ärgerlich, Aktien während einer Börsenflaute mit Verlust verkaufen zu müssen, nur weil Ihre Heizung streikt, weil Sie eine teure Autoreparatur zahlen müssen oder weil Ihr Vermieter womöglich eine hohe Nebenkostennachforderung an Sie stellt. Dafür den Dispokredit Ihres Girokontos zu nutzen, wäre eine extrem teure Angelegenheit. Denn so niedrig die Zinsen auf Guthaben sind, so hoch sind sie bei Kontoüberziehungen. Bei genehmigten Überziehungen im Rahmen Ihres Dispositionsrahmens sind Sollzinsen von 7 bis 12 Prozent noch immer die Regel und nicht die Ausnahme. Bei ungenehmigten, von der Bank nur geduldeten Überziehungen über den Dispositionsrahmen hinaus sind auch 18 Prozent gar nicht so selten.

Als Faustregel gilt daher: Etwa drei Monatsgehälter sollten Sie mindestens für unerwartete Ausgaben bereithalten. Sinnvollerweise investieren Sie diesen Betrag nicht in Wertpapiere, sondern legen ihn auf ein Tagesgeldkonto. Dabei handelt es sich um ein Konto bei einer Bank, auf das Sie jederzeit Zugriff haben, das jedoch kein Girokonto ist. Auch wenn es dafür derzeit kaum nennenswerte Guthabenzinsen gibt, ist es dennoch ausgesprochen sinnvoll, Ihre Notreserve nicht auf dem Girokonto zu belassen. Denn von einem Tagesgeldkonto können Sie im Alltag keine Zahlungen leisten – und das ist auch gut so. Sie bekommen dafür in der Regel keine EC-Karte, mit der Sie Einkäufe oder Dienstleistungen bezahlen könnten, und auch Abhebungen am Geldautomaten sind bei einem Tagesgeldkonto üblicherweise ausgeschlossen. Zudem erlaubt ein Tagesgeldkonto auch keine Zahlungen per Lastschrift, und für Überweisungen von dort aus gibt es nur einen möglichen Empfänger: Sie selbst. Bei Eröffnung geben Sie ein Referenzkonto an, und nur dahin können Sie Geld vom Tagesgeldkonto via Überweisung transferieren. Üblicherweise werden Sie Ihr Girokonto als Referenzkonto nutzen – das ist am praktischsten.

Jetzt fragen Sie sich vielleicht, warum ein separates Tagesgeldkonto denn unbedingt sein muss, wo es doch vergleichsweise umständlich ist, auf das darauf deponierte Geld zuzugreifen. Ganz einfach: Weil Sie dieses Geld wirklich nur im Notfall antasten sollten. Läge es auf einem Girokonto oder wären vom Tagesgeldkonto aus normale Zahlungen im Alltag ohne Weiteres möglich, dann würde Ihr Guthaben recht schnell schmelzen. Sie würden sich womöglich hier ein paar Extras leisten und dort ein paar Wünsche erfüllen und – schwupps! – wäre Ihre Notreserve aufgebraucht. Die Trennung der

Notreserve von dem Guthaben auf dem Girokonto ist also ein psychologischer Trick, der vorrangig der eigenen Disziplinierung dient. Aus eigener Erfahrung wissen wir: Das funktioniert bestens!

Im Prinzip gilt bei Tagesgeld: Je höher die Zinsen, desto besser. Große Renditesprünge können Sie angesichts des aktuellen Niedrigzinsumfeldes allerdings nicht machen. Aber wenn Sie zu den Zinsjägern gehören, können Sie durchaus bei der Bankenauswahl die gebotenen Zinsen berücksichtigen. Aktuelle und gute Zinsvergleiche werden häufig in der Tagespresse veröffentlicht. Sie können sich aber auch im Internet darüber informieren, zum Beispiel auf den folgenden Seiten:

- www.fmh.de → Zinsvergleiche → Tagesgeld
- www.biallo.de → Alle Vergleiche → Sparen → Tagesgeld

Allerdings ist nicht jede Bank, die mit vergleichsweise attraktiven Zinsen wirbt, rundweg empfehlenswert. Das wichtigste Kriterium bei der Auswahl des Tagesgeldkontos ist nicht der gebotene Zinssatz, sondern die Einlagensicherung. Diese sollte vertrauenswürdig sein und nicht nur auf dem Papier bestehen. Dazu gleich mehr im nächsten Abschnitt.

Unbedingt berücksichtigen: die Einlagensicherung

Spätestens seit der Finanzkrise wissen wir, dass auch Banken pleitegehen können. Die bereits angesprochene Insolvenz der US-Investmentbank Lehman Brothers im Herbst 2008 war ein Schock. Und mehr noch: Sie brachte viele andere Geldinstitute ins Wanken, auch diesseits des Atlantiks. Wäre in Deutschland nicht der Staat zur Rettung eingesprungen, es wären wohl einige Kreditinstitute im Zuge der Lehman-Pleite in die Insolvenz gerutscht. Passieren kann das aber immer noch – überall und jederzeit. Geht eine Bank pleite, dann ist das Geld ihrer Kunden zunächst einmal weg. Es wird dazu benutzt, die Gläubiger der betreffenden Bank auszuzahlen, sprich, ihre Forderungen zu begleichen. Damit dies den diversen Privat- und Firmenkunden der Bank keine empfindlichen Einbußen beschert und damit Bankkunden ihr Erspartes nicht lieber zu Hause im Tresor horten, gibt es die sogenannte Einlagensicherung. Es handelt sich dabei um ein gesetzlich vorgeschriebenes Sicherungssystem für die Guthaben der Kunden. Als »Einlagen« werden alle Guthaben abgesichert,

- die auf einem Konto der jeweiligen Kunden liegen (das kann ein Giro-, Tagesgeld-, Festgeld- oder Sparkonto sein),
- die in Sparverträge eingezahlt worden sind,
- die in Form von Sparbriefen bei der betreffenden Bank angelegt werden (geschützt sind allerdings nur Namens- und keine Inhabersparbriefe, sprich nur die namentlich festgelegten und daher nicht an andere Menschen übertragbaren Sparbriefe),
- die auf Fremdwährungskonten deponiert sind und beispielsweise auf US-Dollar oder Schweizer Franken lauten.

EU-weit ist eine Einlagensicherung von 100.000 Euro pro Kreditinstitut und Bankkunde gesetzlich vorgeschrieben. Bei einer Insolvenz Ihrer Bank soll auf diese Weise sichergestellt sein, dass Sie als Bankkunde Ihr Geld bis zur Summe von 100.000 Euro zurückerhalten. Für die Sicherung steht aber nicht der jeweilige Staat gerade, in dem die Bank ansässig ist. Sondern dafür verantwortlich zeichnen die Banken des jeweiligen EU-Landes in ihrer Gesamtheit. Das hat der Gesetzgeber extra so eingerichtet.

Aktuell wird über eine EU-weite Einlagensicherung diskutiert. Das würde bedeuten, dass die Banken aller EU-Länder dafür einstehen, wenn eine pleitegeht – auch beispielsweise die deutschen Banken für ein spanisches oder polnisches Geldinstitut. Es gibt aber große Bedenken dagegen. Deshalb gibt es derzeit lediglich länderbezogene Einlagensicherungssysteme: Deutsche Banken stehen nur für eine Bankenpleite in Deutschland gerade, polnische ausschließlich für eine Bankenpleite in Polen und so weiter.

In Deutschland gibt es genau genommen sogar mehrere Sicherungssysteme, die parallel nebeneinander existieren. Das System der Genossenschaftsbanken und das der Sparkassen zielt jeweils darauf, eine Bank in finanzieller Schieflage gar nicht erst in die Insolvenz rutschen zu lassen. Dafür müssen die anderen Banken des jeweiligen Verbunds sorgen, dazu sind sie per Satzung verpflichtet. Entsprechend sind bei Volksbanken, Raiffeisenbanken und Sparkassen die Einlagen der Kunden in unbegrenzter Höhe geschützt: Wenn es gar nicht zur Insolvenz kommen kann, dann sind die Kundengelder auch nicht in Gefahr.

Anders dagegen ist die Einlagensicherung bei den Privatbanken geregelt, also beispielsweise bei der Deutschen Bank, Commerzbank, Postbank oder Volkswagenbank. Hier können einzelne Institute durchaus pleitegehen, ohne dass die anderen Banken sie davor bewahren müssen. Die Einlagen der Kunden sind trotzdem geschützt. Dazu gibt es zwei Stufen:

> **Stufe 1: Gesetzliche Einlagensicherung.** Sie umfasst die gesetzlich vorgeschriebene Einlagensicherung in Höhe von 100.000 Euro pro Kunde. Gewährleistet wird sie durch die Entschädigungseinrichtung deutscher Banken (EdB). Im Insolvenzfall einer Privatbank zahlt diese Einrichtung allen Kunden ihre Guthaben mitsamt den aufgelaufenen Zinsen aus.

> **Stufe 2: Freiwillige Einlagensicherung.** Viele Privatbanken bieten auf freiwilliger Basis mehr als die gesetzlich vorgeschriebene Einlagensicherung. Sie sichern also auch Kundengelder oberhalb von 100.000 Euro pro Kunde ab, und das mindestens in Millionenhöhe. Dafür verantwortlich ist der Einlagensicherungsfonds des Bundesverbands deutscher Banken. Auch hier werden im Insolvenzfall entsprechende Guthaben über 100.000 Euro erstattet. Die Abwicklung übernimmt abermals die Entschädigungseinrichtung deutscher Banken, auch wenn Beträge, die über 100.000 Euro hinausgehen, nicht von ihr, sondern vom Einlagensicherungsfonds des Bankenverbands stammen.

Wo die Einlagensicherung zum Problem werden könnte

Nicht überall gibt es eine so gut organisierte und finanziell potente Einlagensicherung wie in Deutschland. Vorsicht ist vor allem bei diversen Auslandsbanken angebracht.

Nicht empfehlenswert: Banken aus Nicht-EU-Staaten

Nicht infrage kommen zunächst einmal Banken außerhalb der europäischen Union. Als Sparer müssen Sie immer damit rechnen, dass eine Bank in Schieflage gerät. Bei einer unzureichenden Einlagensicherung besteht die Gefahr, dass Sie Ihre Einlagen, also auch Ihr Guthaben auf dem Tagesgeldkonto, bei einer Insolvenz nicht zurückbekommen. Wenn Sie in einem fremden Land außerhalb der EU mit einer Bankeninsolvenz konfrontiert sind, müssen Sie zumindest mit Schwierigkeiten rechnen. Selbst wenn es dort eine Einlagensicherung gibt, wenn also die Entschädigung von Kontoinhabern im Falle einer Bankeninsolvenz vorgesehen ist, müssten Sie dann auf eigene Faust versuchen, Ihre Einlagen zurückzubekommen. Sie wären dabei mit einem fremden Rechtssystem konfrontiert und ebenso meist mit einer fremden Sprache. Seien Sie also gewarnt: Meiden Sie Banken, deren Hauptsitz in der Türkei, in den USA, in der Schweiz, aber auch im EU-Austrittsland Großbritannien liegt und die ihre Einlagensicherung nicht etwa nach dem deutschen, dem französischen oder dem niederländischen System bewerkstelligen (diese drei Systeme halten wir für hinreichend sicher).

Banken innerhalb der EU: Auch hier ist nicht alles Gold, was glänzt

Innerhalb der Europäischen Union gilt einheitlich die gesetzlich vorgeschriebene Einlagensicherung von mindestens 100.000 Euro pro Bank und Bankkunde. Das dürfte Ihre Notreserve problemlos abdecken. Zudem bekommen Sie im Falle einer Bankeninsolvenz Schützenhilfe von der »Entschädigungseinrichtung deutscher Banken«, also von der Institution, die die gesetzliche Einlagensicherung garantiert. Zumindest bei ausländischen Banken mit Sitz in der EU und mit deutscher Zweigstelle können Sie Ihre Ansprüche über diese Einrichtung geltend machen in deutscher Sprache und nach europäischem Rechtssystem.

Trotzdem ist auch bei EU-Auslandsbanken prinzipiell Vorsicht angebracht, wenn sie das Geld ihrer Kunden nicht praktischerweise von vornherein nach dem deutschen Einlagensicherungssystem absichern. Denn so schön die vorgeschriebene Mindest-Einlagensicherung von 100.000 Euro pro Kreditinstitut und Bankkunde sich auf dem Papier ausnimmt, so unsicher ist es, wie gut sie im Ernstfall tatsächlich funktioniert. Bedenken Sie: Die Einleger-Entschädigung bei einer Bankenpleite ist immer noch allein eine Angelegenheit der Banken im jeweiligen EU-Land, eine gemeinschaftliche Haftung aller EU-Banken für einzelne Bankenpleiten in irgendeinem Mitgliedsstaat ist (noch) nicht eingeführt.

In einigen Ländern bestehen zudem erhebliche Zweifel an der Leistungsfähigkeit der örtlichen Einlagensicherungsfonds, so zum Beispiel in Griechenland, Bulgarien, Rumänien, Italien, Portugal, Malta, Kroatien, Tschechien, Polen oder Lettland. Hier gibt es keine Garantie dafür, dass die dortigen Bankinstitute schon die nötigen Reserven aufgebaut haben, die eine wirkliche Sicherheit der Bankkunden auch bei einer Bankenpleite im jeweiligen Land gewährleisten würde. Warum Sie das interessieren sollte? Weil diese Banken über diverse Vermittlungsplattformen im Internet gerade massiv auf den deutschen Markt drängen.

Vor allem drei Anbieter fallen im Internet durch vermeintlich attraktive Tagesgeldangebote in allen möglichen EU-Ländern auf:

- Weltsparen (www.weltsparen.de)
- Savedo (www.savedo.de)
- Zinspilot (www.zinspilot.de)

Es handelt sich bei den Anbietern selbst nicht um Banken, sondern nur um Vermittlungsplattformen, auf denen die Tagesgeld-Angebote verschiedenster Geldinstitute gebündelt sind. Ob Alpha Bank (Griechenland/Rumänien), Banca Progetto (Italien), Sberbank (Russland/Österreich) oder Postova Banca (Slowakei) die Banken sind mehrheitlich im Ausland ansässig und haben auch meist keine Filialen in Deutschland. Obwohl sie die angebotenen Konten in Euro führen und gesetzlich aufgrund ihres Sitzes in einem EU-Land die europäischen Vorschriften zur Einlagensicherung erfüllen müssen, sollten Sie davon besser die Finger lassen. Wie gut oder schlecht die jeweilige Bank vor einer Insolvenz geschützt ist, das erfahren Sie in der hiesigen Berichterstattung nicht (oder allenfalls, wenn es schon zu spät ist). Außerdem bleibt völlig im Dunkeln, ob im betreffenden Staat die EU-Vorschrift zur Einlagensicherung nicht bloß auf dem Papier besteht sprich, ob sie im Ernstfall funktioniert.

Wie Sie die Sicherheit Ihrer Einlagen überprüfen

Von einer hinreichenden Sicherheit Ihrer Einlagen können Sie ausgehen, wenn das Kreditinstitut, bei dem Sie Ihr Tagesgeld anlegen möchten, der deutschen, der französischen oder der niederländischen Einlagensicherung angehört. Sofern nicht gerade eine Systemkrise den gesamten Bankensektor ins Wanken bringt, dann dürfte Ihr Geld bei Banken aus diesen Ländern gut aufgehoben sein. Achten Sie bei Privatbanken also unbedingt auf die Zugehörigkeit zu den entsprechenden Sicherungseinrichtungen. Bei Genossenschaftsbanken und Sparkassen in Deutschland wissen Sie ohnehin: Ihr Geld ist sicher. Doch wie finden Sie bei einer x-beliebigen Privatbank heraus, welcher Einlagensicherung das jeweilige Institut angeschlossen ist? Zum Glück gibt es hier ein Abfragesystem im Internet, das Ihnen die nötigen Informationen liefert. So gehen Sie vor:

- Öffnen Sie in Ihrem Browser die Seite http://einlagensicherung.de.
- Klicken Sie auf den Button »Kreditinstitut suchen«.
- Geben Sie ins Suchfeld den Namen der Bank ein, für deren Tagesgeldangebot Sie sich interessieren.
- Klicken Sie auf »Abfrage starten«.

Sollte Ihre favorisierte Privatbank der deutschen Einlagensicherung angehören, dann wirft die Website als Ergebnis die Entschädigungseinrichtung deutscher Banken und gegebenenfalls auch den Einlagensicherungsfonds des Bankenverbands aus. Beim betreffenden Geldinstitut können Sie dann bedenkenlos ein Tagesgeldkonto eröffnen.

Sollte Ihre favorisierte Bank dagegen nicht dem deutschen Sicherungssystem angeschlossen sein, dann liefert das System nur einen allgemeinen Hinweis auf infrage kommende Sicherungssysteme. Bei ausländischen Banken mit Zweigniederlassung in Deutschland erhalten Sie immerhin einen entsprechenden Hinweis auf die Zugehörigkeit zu einem ausländischen Einlagensicherungssystem. Die Plattform verrät Ihnen aber dummerweise nicht, um welches es sich dabei handelt ob um das französische, das spanische oder das lettische. Sollten Sie lediglich den Namen einer (deutschen) Bankentochter eingegeben haben, liefert Ihnen das System in der Regel immerhin zusätzlich den Namen der ausländischen Muttergesellschaft (z. B. erfahren Sie bei der in Deutschland aktiven Consorsbank, dass dieses Kreditinstitut zur französischen Großbank BNP Paribas gehört). Hier fragen Sie dann am besten direkt bei der jeweiligen Bank nach, welchem nationalen Einlagensicherungssystem sie angehört. Lassen Sie die Finger davon, wenn es sich mutmaßlich nicht um gut ausgestattete und im Ernstfall funktionierende Systeme handelt. Wie gesagt: Ob die lettische, bulgarische, griechische oder italienische Einlagensicherung im Ernstfall genug Geld hat, um alle Kundenguthaben im Insolvenzfall auszuzahlen, ist zumindest zweifelhaft.

Exkurs: Einlagensicherung bei Depot und Verrechnungskonto

Die Einlagensicherung ist übrigens nicht nur ein Thema, das bei der Frage nach Tagesgeld-, Giro-, Spar- oder Festgeldkonten auftaucht. Denn schließlich kann auch eine Depot-Bank pleitegehen. Wie sieht es also da mit der Sicherheit Ihres Vermögens aus? Hierzu ein paar grundlegende Erläuterungen, die Sie bei der Auswahl und Handhabung Ihres Brokers unbedingt berücksichtigen sollten.

Ihr Depot braucht keinen Einlagenschutz, Ihr Verrechnungskonto aber sehr wohl

Auch wenn Sie Wertpapiere für mehrere Hunderttausend Euro im Depot haben, auf die Einlagensicherung der Depot-Bank kommt es hier nicht an. Denn Ihr Broker verwaltet die Aktien, Fonds, ETFs, Anleihen, Zertifikate und sonstigen Vermögenswerte nur treuhänderisch. Sollte er pleitegehen, dann haben die Gläubiger keinen Zugriff darauf. Einzig und allein Sie als Inhaber des Depots haben einen Anspruch auf Herausgabe. Sie können Ihren Depot-Bestand jederzeit auf ein neues Depot bei einer anderen Bank übertragen lassen. Sollte die Finanzaufsicht BaFin je ein Moratorium über Ihre Depot-Bank verhängen - eine Maßnahme, die bei einer drohenden Insolvenz üblicherweise getroffen wird -, dann riskieren Sie allenfalls, für einige Zeit keinen Zugriff auf Ihr Depot zu haben. Das ist schlimm genug, aber in der Regel nicht gleich existenzbedrohlich.

Gänzlich gleichgültig ist das Thema Einlagensicherung bei der Brokerwahl dennoch nicht. Denn zum Depot gehört stets ein Verrechnungskonto. Darauf werden Dividenden- und Zinsausschüttungen gutgeschrieben, davon tätigen Sie Ihre Wertpapierkäufe und darauf landen auch die Erlöse aus Wertpapierverkäufen. Schnell können sich - etwa bei Auflösung einer größeren Aktien- oder Fondsposition - vier- oder gar fünfstellige Beträge auf einem solchen Verrechnungskonto ansammeln.

Das dort gelagerte Guthaben wird allerdings nicht nur treuhänderisch verwahrt. Vom Grundsatz her könnte es bei einer Bankeninsolvenz herangezogen werden, um die Forderungen der Banken-Gläubiger zu befriedigen. Aber auch hier greift die Einlagensicherung, die jedoch länderweise unterschiedlich geregelt ist und auch unterschiedlich gut funktioniert.

Bei der Depoteröffnung sollten Sie deshalb als Kriterium nicht vernachlässigen, welchem Einlagensicherungssystem Ihre favorisierte

Depot-Bank angeschlossen ist. Auch hier gehört die deutsche, niederländische oder französische Einlagensicherung zu den Favoriten. Bei einer Einlagensicherung etwa nach US-amerikanischem System sollten Sie vorsichtig sein – bei Letzterem schon deswegen, weil es extrem aufwendig sein dürfte, bei einer tatsächlichen Bankeninsolvenz in englischer Sprache und nach US-amerikanischem Recht die nötige Einlegerentschädigung zu beantragen. Hier gelten außerdem andere Regeln: Auch die Wertpapiere im Depot sind in der »Deposit Insurance« inbegriffen. Erfahrungswerte dazu, wie gut diese Absicherungssysteme im Ernstfall funktionieren, existieren hierzulande nicht.

In der folgenden Tabelle sehen Sie eine Auswahl von Direkt-Brokern, die in Deutschland eine Depotführung anbieten. In der zweiten Spalte ist aufgeführt, welchem Einlagensicherungssystem sie angehören und bis zu welcher Summe die Guthaben auf dem Verrechnungskonto (oder auch auf anderen Konten) insgesamt abgesichert sind.

Depot-Bank	Einlagensicherung in …	Maximale Absicherungssumme pro Kunde (Sicherungseinrichtung)
Comdirect	Deutschland	100.000 Euro (Entschädigungseinrichtung deutscher Banken), darüber hinaus freiwillige Mehrabsicherung bis in zweistellige Millionenhöhe (Einlagensicherungsfonds des Bundesverbands deutscher Banken)
Consorsbank (Tochter von BNP Paribas)	Frankreich (freiwillige Mehrabsicherung in Deutschland)	100.000 Euro (Fonds de Garantie des Dépôts), darüber hinaus freiwillige Mehrabsicherung bis in dreistellige Millionenhöhe (Einlagensicherungsfonds des Bundesverbands deutscher Banken)
DeGiro	siehe unten im Text	siehe unten im Text
eBase	Deutschland	100.000 Euro (Entschädigungseinrichtung deutscher Banken), darüber hinaus freiwillige Mehrabsicherung bis zu einem mittleren einstelligen Millionenbetrag (Einlagensicherungsfonds des Bundesverbands deutscher Banken)

Flatex (FinTech Group Bank AG)	Deutschland	100.000 Euro (Entschädigungseinrichtung deutscher Banken)
ING	Deutschland	100.000 Euro (Entschädigungseinrichtung deutscher Banken), darüber hinaus freiwillige Mehrabsicherung bis in Milliardenhöhe (Einlagensicherungsfonds des Bundesverbands deutscher Banken)
Interactive Brokers	USA, Großbritannien	500.000 US-Dollar inklusive Wertpapiere, Grenze für Barmittel 250.000 US-Dollar (US Securities Investor Protection Corporation, Lloyds of London)
Lynx Brokers	USA	500.000 US-Dollar inklusive Wertpapiere, Grenze für Barmittel 250.000 US-Dollar (US Securities investor Protection Corporation, Lloyds of London)
Onvista-Bank (Tochter der Comdirect)	Deutschland	100.000 Euro (Entschädigungseinrichtung deutscher Banken), darüber hinaus freiwillige Mehrabsicherung bis in zweistellige Millionenhöhe (Einlagensicherungsfonds des Bundesverbands deutscher Banken)
s-Broker	Deutschland	unbegrenzte Absicherung durch Insolvenzschutz (Sparkassenstützungsfonds)
Targobank	Deutschland	100.000 Euro (Entschädigungseinrichtung deutscher Banken), darüber hinaus freiwillige Mehrabsicherung bis in dreistellige Millionenhöhe (Einlagensicherungsfonds des Bundesverbands deutscher Banken)
Trade Republic (solarisBank AG)	Deutschland	100.000 Euro (Entschädigungseinrichtung deutscher Banken)
1822 direkt (Tochter der Frankfurter Sparkasse)	Deutschland	unbegrenzte Absicherung durch Insolvenzschutz (Sparkassenstützungsfonds)

Einlagensicherung bei einer Auswahl von Depot-Banken

Aufgepasst heißt es bei Depotanbietern, die lediglich als Vermittler fungieren, selbst aber keine Banklizenz haben und auch keine lizenzierten Banken im Hintergrund haben, bei denen die Depots und Verrechnungskonten ihrer Kunden eigentlich geführt werden und die den nötigen Einlagenschutz bieten. Zu dieser Kategorie gehört etwa DeGiro, ein niederländisches Unternehmen, das sich selbst als »Großhandelsplattform für Privatanleger« bezeichnet und mit sehr günstigen Ordergebühren auf den ersten Blick ungemein attraktiv erscheint.

Bei solchen Plattformen werden die Kundengelder von den übrigen Geldern des Unternehmens getrennt und als Sondervermögen bei einer externen Verwahrstelle aufbewahrt. Der Begriff »Sondervermögen« impliziert: Die Gelder sind ausschließlich den Anlegern vorbehalten. Wie gut das allerdings im Ernstfall funktioniert, wie vertrauenswürdig der Schutz wirklich ist und wie leicht sich bei einer Insolvenz eine Erstattung der Einlagen organisieren lässt, lässt sich jedoch kaum vernünftig prognostizieren. Deshalb raten wir zur Vorsicht. Wir würden unser Geld einem solchen Anbieter nicht anvertrauen, zumal außer via Internet für die Kunden keine weitere Kontaktmöglichkeit besteht.

Lassen Sie keine zu hohen Guthaben auf dem Verrechnungskonto

Bei Depot-Banken, deren Einlagensicherung nicht über die gesetzliche 100.000-Euro-Grenze hinausgeht, sollten Sie das Guthaben auf Ihrem Verrechnungskonto im Auge haben. Sollte es je – etwa nach Auflösung großer Wertpapierpositionen – einen höheren Bestand ausweisen, werden Sie aktiv: Entweder Sie investieren das Geld erneut in Wertpapiere. Oder Sie überweisen es ganz oder teilweise auf das Konto einer Bank, die eine ausreichende Absicherung bietet.

Ohnehin empfiehlt es sich, die Gewinne aus Ihren Wertpapier-Investments und die Erlöse aus Verkäufen nicht einfach unverzinst dort liegen zu lassen, sondern sie möglichst rasch wieder zu investieren. Nur dann profitieren Sie langfristig vom Zinseszinseffekt.

Zusatzinfo: Was es mit der sogenannten Anlegerentschädigung auf sich hat

Wenn Sie sich kundig machen, welche Einlagensicherung Ihre Depot-Bank bietet, stoßen Sie bei manchen Instituten noch auf zusätzliche Informationen. Sie betreffen die sogenannte Anlegerentschädigung. Es geht dabei ausschließlich um »Verbindlichkeiten aus Wertpapiergeschäften«, bei denen gesetzlich 90 Prozent bis zu einer Höchstsumme von 20.000 Euro abgesichert sind. Genauer definiert ist nicht, was damit gemeint ist. Zunächst für Sie zur Beruhigung: Damit ist nicht das Guthaben auf dem Verrechnungskonto gemeint, denn das ist mit der Einlagensicherung zu 100 Prozent und bis zu einer Summe von mindestens 100.000 Euro viel umfassender geschützt – siehe oben. Die beiden Systeme – Einlagensicherung und Anlegerentschädigung – existieren parallel zueinander und sind EU-weit vorgeschrieben. Vor allem zwei Fälle umfasst die sogenannte Anlegerentschädigung:

- von der Depot-Bank unterschlagene Wertpapiere
- Wertpapiergeschäfte, die gewissermaßen in der Insolvenz der Depot-Bank »steckengeblieben« sind

Ersteres, sprich eine Unterschlagung von Wertpapieren etwa durch einzelne Bankmitarbeiter, ist heute höchst unwahrscheinlich, weil die Depot-Banken alle Wertpapiere ihrer Kunden zentral bei einer Wertpapiersammelbank lagern und bei Käufen und Verkäufen nicht physisch bewegen. Festgehalten wird lediglich die Stückzahl, die auf jeden einzelnen Kunden entfällt. Diese sogenannte Girosammelverwahrung macht es praktisch unmöglich, Wertpapiere zu unterschlagen.

Der zweite Fall kann aber passieren, wenngleich auch das extrem selten vorkommt. Angenommen, Sie haben gerade eine größere Anzahl von Wertpapieren ge- oder verkauft und warten jetzt wahlweise auf die Einbuchung der gekauften Wertpapiere in Ihr Depot oder die Gutschrift des Verkaufserlöses auf Ihrem Konto. Oder die Dividenden auf eine Ihrer Aktienpositionen sind bereits bei Ihrer Depot-Bank gelandet, aber noch nicht auf Ihrem persönlichen Verrechnungskonto gutgeschrieben. Ausgerechnet zu diesem Zeitpunkt, da noch nicht alles abgewickelt ist, verhängt die Finanzaufsicht BaFin ein Moratorium über Ihre Depot-Bank, weil dieser die Insolvenz droht. Ein solches Moratorium bedeutet: Die Bank darf nichts mehr tun. Sie darf also auch keine Zahlungen mehr leisten und keine Wertpapiere einoder umbuchen. In einem solchen Fall sind Sie bis zur oben genannten Höchstgrenze von 90 Prozent und 20.000 Euro geschützt. Das Geld kommt aus einem anderen Topf als die Einlagensicherung, aber das merken Sie nicht. Denn abwickeln wird eine solche Entschädigung abermals die Entschädigungseinrichtung deutscher Banken (EdB). Allerdings leistet sie diese Schützenhilfe nur bei Geldinstituten, die der deutschen Einlagensicherung angehören. Bei Auslandsbanken, die etwa nach französischem Recht absichern, müssten Sie Ihre Ansprüche direkt in Frankreich geltend machen.

Da dieser Fall jedoch höchst unwahrscheinlich ist, brauchen Sie sich den Kopf auch etwa als Kunde der Consorsbank nicht zu zerbrechen. Die BNP Paribas als Mutterbank ist eine der größten Banken Europas. Hier droht so schnell kein Moratorium und erst recht keine Insolvenz.

Money Management zur Verlustbegrenzung

Absolute Sicherheit gibt es auch bei Bankeinlagen nicht. Denn zumindest durch Inflation verlieren Sie laufend Geld, ohne es zu merken. Zwar bleiben die ausgewiesenen Guthaben, die auf einem Bankkonto liegen, auf dem Papier ungeschmälert. Aber Sie können sich heute von beispielsweise 1.000 Euro deutlich mehr kaufen als in zehn Jahren. Gleichwohl ist es für viele Menschen ein beruhigendes Gefühl, mit den angelegten Geldern keine Achterbahnfahrt zu erleben und, zumindest nominal, keine Verluste zu machen. Wer Verluste (abgesehen von einem Kaufkraftverlust durch Inflation) um jeden Preis vermeiden will, für den erscheint das sogenannte Money Management als probates Mittel zur Absicherung. Gleiches gilt auch für Menschen, die potenzielle Verluste beispielsweise auf maximal 10 oder maximal 20 Prozent ihres Anlagebetrags beschränken möchten und zu einem Risiko darüber hinaus partout nicht bereit sind.

So funktioniert das Money Management

Das Prinzip des Money Managements ist schnell erklärt: An der Börse angelegt werden nur die laufenden Erträge oder der Betrag, den Sie maximal riskieren wollen. Konkret heißt das:

- Bei 0 Prozent Verlusttoleranz wird alles Geld in sichere Anlagen gesteckt. Also zum Beispiel auf ein Tagesgeld-, Spar- oder Festgeldkonto bei einer hinreichend gut abgesicherten Bank (siehe Abschnitt »Einlagensicherung«). Oder in Genossenschaftsanteile einer Volks-, Raiffeisen- oder Spardabank, die ebenfalls sehr sicher sind und in der Regel sogar derzeit noch etwas höhere Zinsen abwerfen. Für potenziell renditeträchtigere, aber auch risikoreichere Investments an der Börse kommen dann nur die laufenden Erträge infrage, also die erwirtschafteten Zinsen, so spärlich sie auch sein mögen.

- Bei einer Verlusttoleranz von 10 beziehungsweise 20 Prozent werden 90 beziehungsweise 80 Prozent des Geldes sicher investiert. Der Rest, also das Geld, dessen Verlust Sie notfalls verschmerzen könnten, plus die laufenden Zinsen, stehen für eine renditeträchtigere, aber auch risikoreichere Geldanlage an der Börse zur Verfügung.

Was die Börsen-Investments an Gewinnen abwerfen, das wird ebenfalls wieder in börsengehandelte Wertpapiere investiert. Sie sollen im Laufe der Zeit immer mehr zur weiteren Vermögensbildung beitragen. Der Kapitalstock von 80, 90 oder 100 Prozent wird auf diese Weise nicht aufs Spiel gesetzt. Hier können keine Verluste entstehen, die über Ihrer Schmerzgrenze liegen.

Fazit: Money Management funktioniert nur in der Theorie gut

Auf dem Papier liest sich Money Management als Strategie zur Verlustbegrenzung ausgesprochen gut. Als Anleger investieren Sie nur, was Sie notfalls verschmerzen können und was Sie aus Ihren sicheren Geldanlagen an Zinsen erhalten oder was Sie aus Ihren (zunächst auf ein Minimum begrenzten) Wertpapier-Positionen etwa in Form von Kursgewinnen, Dividenden oder sonstigen Ausschüttungen erwirtschaften. Damit sind Sie absolut sicher, keine Verluste oberhalb Ihrer persönlichen Schmerzgrenze zu erleiden. In der Praxis allerdings werden Sie mit Money Management schnell an Ihre Grenzen stoßen. Denn:

> Die laufenden Erträge aus sicheren Investments sind zumindest beim aktuellen Zinsniveau viel zu gering, um für ein Börsen-Investment auszureichen. Für beispielsweise 20 Euro, 30 Euro oder 50 Euro brauchen Sie keine Aktien oder Fonds zu kaufen, das wäre unrentabel. Denn allein die Transaktionskosten für eine Wertpapierorder würden einen großen Teil des Geldes verschlingen. Zwar bieten viele Depot-Banken Sparpläne mit Raten ab 25 oder 50 Euro an. Diese Raten müssen Sie aber monatlich oder zumindest vierteljährlich aufbringen und nicht nur einmal im Jahr. Ihre laufenden Erträge geben das anfangs nicht her, es sei denn, Sie würden mit einem Millionenbetrag starten.

> Laufende Schwankungen Ihrer Börsen-Investments können Ihr Money-Management-Konzept schnell zunichtemachen. Gerade

wenn Sie nur einen Bruchteil Ihres Anlagebetrags in Wertpapiere stecken, müssten Sie möglichst hohe Anfangsrenditen erwirtschaften, um schnell mehr Geld für Börsen-Investments zur Verfügung zu haben. Kurzfristig aber sind die Schwankungen hoch und die Wahrscheinlichkeit, mit einem Börsen-Investment Verluste zu machen, ist durchaus gegeben. Es kann also passieren, dass Sie überhaupt kein Geld für Börsen-Investments mehr übrighaben. Und Ihren Kapitalstock wollen Sie dafür ja nicht anrühren, weil er verlustfrei erhalten bleiben soll.

> Ein Grundprinzip für einträgliche Börsen-Investments heißt Streuung. Es ist nicht gut, alle Eier in einen Korb zu legen, das weiß jeder Börsianer. Folglich sollten Sie Ihr Geld auf mehrere Wertpapiere verteilen, damit es nicht weiter schlimm ist, wenn eines davon schwächelt. Mit den kleinen Beträgen, die Ihnen beim Money Management anfangs für Börsen-Investments zur Verfügung stehen, ist eine vernünftige Streuung kaum möglich. Allenfalls Fonds- oder ETF-Anteile können Sie kaufen, um wenigstens für eine gewisse Diversifizierung Ihrer Börsen-Investments zu sorgen.

> Die Absicherung durch Money Management geht auf Kosten der Rendite. Denn der Großteil Ihres Geldes liegt jahrelang nahezu unverzinst herum. Nur ein winziger Teil davon kann wirklich eingesetzt werden, um nennenswerte Renditen in Form von Dividenden und Kursgewinnen zu erwirtschaften. Dass Bankguthaben und auch andere sichere Anlagen derzeit nur extrem niedrige Zinsen abwerfen, macht die Sache nicht besser, sondern schlimmer.

Darum gilt: Es ist zwar gut, das Prinzip des Money Managements zu verstehen. In der Praxis aber hilft es Ihnen zumindest dann nicht weiter, wenn Sie halbwegs vernünftige Renditen oberhalb der Inflationsrate erwirtschaften wollen. Und das ist der Mindestanspruch an jede Geldanlage: Die Kaufkraft soll mindestens erhalten bleiben, und idealerweise vermehrt sich das Vermögen sogar noch darüber hinaus.

Anlagehorizont: je länger, desto sicherer

In Deutschland herrscht überwiegend die Meinung vor, eine Geldanlage in Aktien sei viel zu unsicher und die mitunter starken Schwankungen würden eine solide Geldanlage gar nicht erlauben. Da Sie dieses Buch in Händen halten, haben Sie vermutlich bereits ein Depot und besitzen mutmaßlich auch Aktien, Aktienfonds oder wenigstens Mischfonds. Dass Schwankungen zum Börsenalltag gehören, wissen Sie folglich – aber machen Sie sich klar, dass solche Schwankungen keineswegs so ruinös sind, wie in der Öffentlichkeit häufig kolportiert. Wie sicher oder unsicher Aktien als Geldanlage sind, hängt sicherlich von der Auswahl der einzelnen Papiere ab. Dazu kommen wir in einem späteren Kapitel noch. Es hängt aber auch davon ab, wie langfristig Ihre Geldanlage ausgerichtet ist. Denn kurzfristig (etwa auf Jahresbasis) können sogar die Kurse solider Substanzwerte durchaus 10, 20, 30 oder sogar 40 Prozent an Wert verlieren. Aber langfristig geht es aufwärts. Das gilt selbstverständlich nicht für jede einzelne Aktie, wohl aber für den gesamten Aktienmarkt, den Sie zum Beispiel ganz einfach und günstig mit passenden Indexfonds abdecken können.

Besonders beeindruckend ist bei der Frage nach der Sicherheit von Aktien-Investments eine Studie des Deutschen Aktieninstituts DAI. Es hat den Kauf des DAX in seiner genauen Zusammensetzung und Gewichtung rückwirkend für 50 Jahre nachgebildet. Für jede beliebige ganzjährige Zeitspanne, die in diesen 50-Jahres-Zeitraum fällt, wurde die Rendite eines DAX-Investments berechnet (Kauf und Verkauf jeweils zum Jahresende) und unter dem Namen »Renditedreieck« veröffentlicht. Dabei wurde angenommen, dass die erhaltenen Dividenden stets aufs Neue in den DAX investiert wurden. Sie finden im Renditedreieck also jeweils …

- die Ergebnisse einer DAX-Anlage für alle 50 Ein-Jahres-Zeiträume innerhalb der vergangenen 50 Jahre.
- die Ergebnisse einer DAX-Anlage für alle 49 Zwei-Jahres-Zeiträume innerhalb der vergangenen 50 Jahre.
- die Ergebnisse einer DAX-Anlage für alle 48 Drei-Jahres Zeiträume innerhalb der vergangenen 50 Jahre
- die Ergebnisse einer DAX-Anlage für die beiden 49-Jahres-Zeiträume innerhalb der vergangenen 50 Jahre.
- die Ergebnisse einer DAX-Anlage, die über den gesamten 50-Jahres-Zeitraum gehalten wurde.

Die neueste Fassung des Renditedreiecks wird jeweils im Frühjahr veröffentlicht. Zum Redaktionsschluss dieses Buches (April 2019) war also die Fassung vom 31. Dezember 2018 aktuell. Sie können diese im Internet abrufen, was wir Ihnen wegen der grafisch hervorragenden Aufbereitung auch empfehlen.

Hier finden Sie das Rendite-Dreieck

www.dai.de → Renditedreieck → 50 Jahre Aktien-Renditen – Das DAX-Renditedreieck des Deutschen Aktieninstituts

Im Renditedreieck sehen Sie in grüner Farbe, welche Anlagezeiträume eine positive Rendite erwirtschaftet haben, und in roter Farbe, bei welchen Anlagezeiträumen unterm Strich eine negative Rendite herauskam. Je höher das Plus oder Minus, desto dunkler sind die jeweiligen Kästchen für den entsprechenden Zeitraum eingefärbt.

Die wichtigsten Erkenntnisse dieser Studie sprechen eine klare Sprache: Die ganz überwiegende Zahl der Anlagezeiträume war grün, hat also positive Renditen erzielt. Negative Ergebnisse hat mit dem DAX nur erzielt, wer nicht lange genug an seinem DAX-Investment festhielt. Im Zeitraum der zurückliegenden 50 Jahre war es höchst unwahrscheinlich, mit einem reinen DAX-Investment nach fünf Jahren noch im Minus zu sein. Noch geringer war die Wahrscheinlichkeit nach zehn Jahren. Und im schlechtesten Fall überhaupt kam ein DAX-Investment erst nach zwölf Jahren aus den roten Zahlen heraus. Aber diese Zeiträume beschreiben schon die ungünstigsten Einstiegsphasen, die über 50 Jahre überhaupt theoretisch möglich waren. In der Praxis werden Sie auch nach einem Börsengewitter deutlich früher in der Gewinnzone liegen.

Das Renditedreieck zeigt: Je länger der Anlagehorizont, desto stetiger die Rendite, vorausgesetzt, Sie investieren die ausgeschütteten Dividenden wieder. Genaueres sehen Sie in der folgenden Tabelle.

Anlagezeitraum	Verlust-/Gewinnspanne	Zahl der Verlustzeiträume in den vergangenen 50 Jahren	Anteil der Zeiträume, die in der Gewinnzone lagen
1 Jahr	- 43,9 % bis + 47,1 %	14 von 50	72 %
5 Jahre	- 9,4 % bis + 29,8 %	9 von 46	80 %
10 Jahre	- 1,5 % bis + 16,5 %	2 von 41	95 %
15 Jahre	+ 2,3 % bis + 15,4 %	0 von 26	100 %
20 Jahre	+ 3,8 % bis + 15,2 %	0 von 31	100 %
30 Jahre	+ 6,8 % bis + 10,9 %	0 von 21	100 %
40 Jahre	+ 6,8 % bis + 9,2 %	0 von 11	100 %
50 Jahre	+ 7,0 %	0 von 1	100 %

Entwicklung von DAX-Investments nach Zeitspannen innerhalb der vergangenen 50 Jahre, (Quelle: eigene Darstellung, Daten aus dem Renditedreieck des DAI)

Übrigens müssen Sie sich nicht davor fürchten, ausgerechnet zu den Pechvögeln zu gehören, die auch noch nach zwölf Jahren im Minus liegen. Denn Sie haben einige Trumpfkarten im Ärmel, die Sie bei Ihrer Geldanlage einsetzen können, die jedoch bei der Studie des Deutschen Aktieninstituts keine Rolle gespielt haben:

1. Trumpfkarte: Ihr Einstiegszeitpunkt
Sie können Aktien dann kaufen, wenn diese gerade günstig bewertet sind. Alternativ können Sie mit einem Sparplan dafür sorgen, dass Ihre Einstiegskurse im Durchschnitt vergleichsweise günstig sind (lesen Sie dazu den Abschnitt »Sparplan«).

2. Trumpfkarte: Ihre Aktienauswahl
Sie können eine kluge Aktienauswahl treffen und mutmaßliche Verlierer gleich ganz aus Ihrem Depot herauslassen (lesen Sie dazu den Abschnitt »Wertpapierauswahl«).

3. Trumpfkarte: Ihre Streuungsmöglichkeit
Sie können durch Streuung das Risiko reduzieren, denn Sie müssen nicht nur DAX-Aktien kaufen und können zudem die Gewichtung Ihrer Investments selbst festlegen (lesen Sie dazu den Abschnitt »Streuung«).

4. Trumpfkarte: Ihr Ausstiegszeitpunkt
Sie können Ihre Aktien einfach länger halten – zumindest dann, wenn Sie durch eine Notfallreserve auf dem Tagesgeldkonto (siehe Abschnitt »Liquiditäts-Management«) dafür vorgesorgt haben, Ihre Aktienpositionen nicht ausgerechnet dann auflösen zu müssen, wenn die Kurse in den Keller gerauscht sind.

5. Trumpfkarte: Ihre Möglichkeit zur Investition in verschiedene Assets
Bei einem kürzeren Anlagehorizont können Sie den Aktienanteil reduzieren und beispielsweise Anleihen beimischen, auf Discount-Zertifikate setzen oder statt reiner Aktienfonds doch lieber Mischfonds kaufen.

Jedenfalls wissen Sie jetzt: Geduld zahlt sich aus. Es wäre falsch, wegen eines vorübergehenden Crashs an der Börse gleich sämtliche Aktienpositionen zu verkaufen. Langfristig steigen die Aktienmärkte, zumal die führenden Notenbanken die Welt mit billigem Geld fluten und bis heute noch nicht wissen, wie sich ihre Niedrig- beziehungsweise Nullzinspolitik ohne Schaden für die Weltwirtschaft beenden lässt. Von steigenden Aktienmärkten können Sie übrigens nicht nur in Deutschland ausgehen, sondern auch in den meisten anderen Ländern, Regionen und Kontinenten auf dieser Welt.

Streuung: Absicherung durch ein gut diversifiziertes Depot

»Lege nie alle Eier in einen Korb.« Diese Börsenweisheit kann gar nicht oft genug wiederholt werden. Wer sein Geld in nur eine einzige Aktie steckt, der geht das Risiko ein, ausgerechnet damit falschzuliegen. Wer dagegen sein Geld auf mehrere verschiedene Börsen-Investments verteilt, der reduziert auch das Risiko von Kursverlusten in einzelnen Depot-Positionen. »Streuung« lautet die Devise, oder »Diversifikation«, wie es in der Fachsprache heißt. Hier für Sie, worauf es wirklich ankommt.

Streuung nach Assets: Aktien, Anleihen & Co.

Muss ein Depot wirklich nur aus Aktien bestehen? Sicherlich nicht. Wie Sie es bestücken, hängt ganz von Ihrem Anlagehorizont und von dem Risiko ab, das Sie einzugehen bereit sind. Entsprechend empfiehlt sich ein Mix vor allem aus Aktien, die meist stärker schwanken, und Anleihen, die in der Regel weniger großen Schwankungen unterliegen. Mit Anleihen (auch Rentenpapiere oder Bonds genannt) haben Sie es im derzeitigen Niedrigzinsumfeld allerdings schwer: Denn sichere Anleihen werfen kaum Renditen ab – und bei weniger sicheren

Rentenpapieren sind zwar die Renditen attraktiver, aber sie eignen sich nicht, um mehr Sicherheit ins Depot zu bringen. Da die Anleihenrenditen hinreichend sicherer Staats- und Unternehmensanleihen derzeit im (sehr) niedrigen einstelligen Prozentbereich liegen und Sie zudem bei jedem Anleihenkauf und -verkauf Transaktionskosten zahlen, empfiehlt es sich daher eher, mehr Geld auf ein Tages- oder Festgeldkonto zu legen, anstatt den Anleihenanteil im Depot zu erhöhen.

Gleichwohl betrifft das Thema Diversifizierung alle Depotwerte, und diese bestehen nicht zwangsläufig nur aus Aktien. Sie können sich alternativ oder zusätzlich zu den Einzelaktien in Ihrem Portfolio auch schon eine Art Fertigmischung aus Ihren präferierten Wertpapieren ins Depot legen. Das empfiehlt sich besonders in Märkten, in denen Sie sich vielleicht nicht so gut auskennen oder in denen es schwer ist, stets aktuelle Informationen auch in deutscher Sprache zu bekommen: Mit ETFs (börsengehandelten Passivfonds, die einfach nur einen Index nachbilden) oder aktiv gemanagten Investmentfonds kaufen Sie bereits eine bestimmte Wertpapierauswahl, die einen bestimmten Markt oder Marktausschnitt repräsentiert. So investieren Sie beispielsweise mit einem DAX-ETF in deutsche Standardwerte, mit einem aktiv gemanagten Rentenfonds in Staats- und Unternehmensanleihen und mit einem »Mischfonds« in eine Mischung aus Aktien und Anleihen, wobei die Statuten des Fonds von vornherein festlegen, zu welchen Teilen in Aktien und in Anleihen investiert wird, ob es nur Staats- oder auch Unternehmensanleihen sein sollen und in welchem Land oder welcher Region das Geld angelegt wird. All diese Fakten zum Anlageschwerpunkt eines Fonds liefert Ihnen in kurzer Fassung das Fact Sheet.

Beim Thema Diversifizierung sollten Sie stets beachten: Über Ihre Wertpapiere hinaus haben Sie vielleicht schon einen größeren Teil Ihres Vermögens in andere Assets investiert. Darunter auch Vermögenswerte, die Ihnen langfristig eine hohe Sicherheit und Wertstabilität bieten. Dazu gehört etwa ein selbst genutztes Eigenheim, das Ihnen künftige Mietzahlungen erspart. Dazu gehört wahrscheinlich auch eine Kapitallebens- oder Rentenversicherung, die Sie einst abgeschlossen haben und die zumindest in der nicht fondsgebundenen Variante abgesehen von den Verwaltungskosten keine Verluste beschert. Dazu gehören vielleicht auch Edelmetalle wie Gold und Silber, deren Kurs, in US-Dollar oder Euro ausgedrückt, zwar handelstäglich stark schwanken kann, die aber zur Absicherung gegen Währungsrisiken und schwere Krisen geeignet sind (siehe dazu den Abschnitt »Gold und Silber für die Depot-Absicherung« in diesem Buch).

Überlegen Sie sich angesichts der Gesamtstreuung Ihres Vermögens daher, ob Sie wirklich auch im Depot alle denkbaren kurzfristigen Risiken vermeiden und auf einen hohen Anteil vermeintlich sicherer Wertpapiere wie Anleihen, defensiver Mischfonds oder gar Rentenfonds setzen möchten. Denn dann müssten Sie sich mit äußerst bescheidenen Renditen zufriedengeben.

Streuung in Abhängigkeit vom Lebensalter

Eine Frage wird uns in unseren Redaktionssprechstunden häufiger gestellt: »Sollte ich den Aktienanteil in meinem Depot reduzieren, nur weil ich schon älter bin?« Entsprechende Empfehlungen finden sich oft in der einschlägigen Börsenliteratur. Tatsächlich wird bei Börsen-Investments häufig eine Faustformel für den Aktienanteil im Depot präsentiert, die auf den ersten Blick plausibel erscheint. Sie lautet:

Aktienanteil = 100 minus Lebensalter

Die Idee dahinter: Wer schon älter ist, hat nicht die Zeit, Verluste auszusitzen. Folglich sollte er den Aktienanteil im Depot, also die Positionen, die kurzfristig das größte Verlustrisiko mit sich bringen, möglichst reduzieren, je näher das Lebensende rückt. Wir halten diese Faustformel dennoch für wenig hilfreich und auch die dahinterstehende Argumentation für fragwürdig. Denn gerade Anleger, die 65 und älter sind, haben ihre Schäfchen doch üblicherweise im Trockenen, und sie haben sich wahrscheinlich abseits vom Depot schon ein beträchtliches Vermögen aufgebaut, gerade wenn das Haus abbezahlt ist und genügend Rentenansprüche oder Anwartschaften auf Pensions- oder sonstige Versorgungsbezüge bestehen. Zudem sind die Kinder erwachsen und stehen auf eigenen Füßen. Die Voraussetzungen für ein Aktien-Investment könnten unter dieser Prämisse kaum besser sein, gerade weil Schuldendienste für Eigenheim, Kindesunterhalt und Altersvorsorge im reiferen Alter wegfallen und jetzt wirklich genügend Mittel für die Geldanlage zur Verfügung stehen.

Wer als Senior Aktien hält, hat zudem die Wahl, die laufenden Dividenden zur Aufbesserung der monatlichen Bezüge zu verwenden oder sie wieder zu investieren – mit Blick auf eine Vermögensmehrung auch über den eigenen Tod hinaus. Denn viele möchten ihre Liebsten finanziell gut abgesichert wissen und ihnen genug hinterlassen, um ihnen ein selbstständiges und selbstbestimmtes Leben zu ermöglichen, dessen Verlauf nicht von finanziellen Engpässen diktiert wird. Auch deshalb raten wir davon ab, den Aktienanteil durch solche Faustformeln unnötig zu reduzieren.

Gleichwohl ist eine Diversifikation im Depot wichtig – und dabei geht es nicht nur um den Anteil der einzelnen Wertpapierklassen. Auch andere Kriterien spielen eine Rolle.

Streuung nach Ländern, Regionen und Währungsräumen

Zur Absicherung gegen schwächelnde Märkte erscheint es sinnvoll, nicht nur in Deutschland zu investieren, sondern auch in anderen Ländern, Regionen und Kontinenten. Keine Angst, Sie brauchen deshalb trotzdem nicht jeden noch so fernen Kontinent abzudecken und in jedes noch so kleine ostasiatische oder südamerikanische Land investieren. Wenn Sie das doch tun wollen, dann sollten Sie zumindest da auf Fondslösungen setzen, wo Sie sich nicht auskennen oder wo Sie Presseberichte über den Aktienmarkt und vielleicht auch noch die Bilanzen und Geschäftsberichte einzelner Unternehmen nicht in deutscher (oder gegebenenfalls englischer Sprache) beschaffen können.

Nutzen Sie die Korrelationsmatrix von Goldman Sachs

Übrigens gibt es von der Investmentbank Goldman Sachs eine sehr interessante Zusammenstellung, aus der Sie auf einen Blick ersehen, welche Regionen der Welt sich in Sachen Aktienmarktentwicklung ungefähr im Gleichklang entwickeln und welche gegenläufig sind. Um diese Zusammenstellung abzurufen, geben Sie einfach den Begriff »Korrelationsmatrix Goldman Sachs« in die Bildersuche bei Google ein. Ziel ist hier eine Streuung über Regionen, die nicht so eng miteinander korreliert sind (gelbe oder orangefarbene Kästchen), die aber auch nicht komplett gegenläufig entwickeln.

Empfehlenswert, wenn auch kein Muss, ist zudem eine Streuung auf verschiedene Währungsräume. Zusätzlich zu Aktiengesellschaften, die in der Eurozone ansässig sind, können Sie zumindest noch Schweizer und US-amerikanische Unternehmen ins Depot legen. Denn sie erwirtschaften Gewinne in Schweizer Franken und US-Dollar, was bei einem schwächelnden Euro einen gewissen Ausgleich schaffen kann für die Kaufkrafteinbußen, die dem Euro womöglich bevorstehen.

Bedenken Sie außerdem: In Ländern wie den USA spielen Dividendenausschüttungen eine viel größere Rolle als bei uns, weil fast jeder Bürger dort Aktien als Altersvorsorge hält. Wenn Sie also nach dividendenstarken Papieren suchen, spielt die Aktienkultur des jeweiligen Landes eine durchaus große Rolle. Viele US-Aktiengesellschaften schütten viermal im Jahr eine Dividende aus, und die Unternehmensführungen wissen, wie wichtig den Anlegern eine stetige und möglichst wachsende Ausschüttung ist, weil sie davon leben müssen. Daher werden Sie besonders viele Dividenden-Aristokraten unter den US-Aktien finden.

Für nicht empfehlenswert halten wir dagegen Anleihen in exotischen Fremdwährungen. Denn Sie müssen Ihre Brötchen heute und morgen in Euro bezahlen. Wie sich aber die Wechselkurse zweier

Währungen bis zur Fälligkeit der Anleihe im Verhältnis zueinander entwickeln, lässt sich auch von Fachleuten nicht vernünftig prognostizieren – kurzfristig nicht und langfristig schon gar nicht. Immerhin ist der Devisenmarkt mit Umsätzen von rund 5 Billionen US-Dollar pro Handelstag einer der größten Märkte überhaupt auf dieser Welt. Was würden Ihnen etwa hohe Zinseinnahmen bei einer türkischen Staatsanleihe nützen, wenn doch zugleich die Türkische Lira bis zur Fälligkeit in Euro umgerechnet einen vergleichbaren Betrag an Wert verlieren würde – oder sogar noch mehr? Man kann es also auch übertreiben mit der Absicherung gegen Währungsverluste.

Anleihen-Investments, die auf den Euro oder auf andere Währungen lauten, sind auch deshalb so problematisch, weil Sie hier nicht einfach abwarten können, bis sich die Wechselkurse wieder erholen. Die Papiere haben ganz einfach einen bestimmten Fälligkeitstermin – und hat sich zu diesem Termin der Wechselkurs ungünstig entwickelt, dann haben Sie eben Pech gehabt. Gleiches gilt für Zertifikate, die auf andere Währungen lauten und nicht open end (also unbegrenzt) laufen.

Besser bedient sind Sie mit Aktien oder Aktienfonds anderer Währungsräume. Steigt deren Währung gegenüber einem schwächelnden Euro, dann verdienen Sie zusätzliches Geld. Sinkt sie, dann können Sie warten, bis sich die Währung wieder erholt, und die Aktien-Position anschließend mit Gewinn verkaufen. Es gibt hier kein festes Laufzeitende.

Streuung nach Unternehmensgrößen

Wollen Sie bei den Aktien ausschließlich Dickschiffe (Standardwerte) in Ihrem Depot haben oder auch kleinere Boote (Nebenwerte)? Standard- und große Nebenwerte (in Deutschland etwa Aktien aus dem DAX und MDAX) gelten als risikoärmer, was aber als Daumenregel nicht immer taugt. Immerhin fällt es Ihnen bei Standardwerten leichter, den Überblick zu behalten, weil diese regelmäßig und häufig Gegenstand der Berichterstattung sind. Im Gegenzug sind gerade unter den kleinen Nebenwerten, über die wenig berichtet wird, viele Perlen, die institutionelle Investoren nicht auf dem Schirm haben, weil sich dort schlichtweg nicht die Millionensummen investieren lassen, die etwa ein Pensionsfonds oder eine Versicherung üblicherweise unterbringen muss. Außerdem gibt es unter den Nebenwerten viele »Hidden Champions«, also Marktführer in kleinen, wenig beachteten Geschäftsbereichen und Branchen, über die gleichwohl nicht täglich in den Börsennachrichten berichtet wird.

Für ein vergleichsweise sicheres, ruhiges Depot empfehlen wir vorwiegend Standard- und größere Nebenwerte, die sich leicht beobachten lassen. Sie schwanken nicht schon deshalb im Kurs, weil sie an den Börsen zu wenig gehandelt werden und eine einzige Kauf- oder Verkaufsorder bereits den Kurs maßgeblich beeinflusst.

Übrigens sollten Sie auch bei Unternehmensanleihen auf die Unternehmensgröße des Emittenten schauen. Anleihen von großen Aktiengesellschaften sind in der Regel sehr viel sicherer als sogenannte Mittelstandsanleihen, bei denen es in der Vergangenheit eine ganze Serie von Zahlungsausfällen gab. Letztere empfehlen wir Ihnen überhaupt nicht zum Kauf. Denn die auf den ersten Blick ausgesprochen attraktive Verzinsung erkaufen Sie sich mit einem schwer einschätzbaren, zumeist aber extrem hohen Ausfallrisiko.

Streuung nach Branchen

Angenommen, Sie wären ein Autonarr und hielten vor allem Automobilwerte in Ihrem Depot. Wäre das sinnvoll? Wohl kaum. Denn es kann vorkommen, dass eine ganze Branche schwächelt etwa, weil sich die Zukunftsaussichten eingetrübt haben. Bleiben wir beim Thema Automobil. Festzustellen ist zwar ein großes Wachstum der Absatzmärkte in Fernost, zum Beispiel in China. Zugleich droht aber gerade den chinesischen Metropolen der Verkehrsinfarkt, und die Regierung versucht gegenzusteuern. In den westlichen Ländern scheint ohnehin das ganze bisherige Mobilitätskonzept hinfällig. Anders als früher, da das Auto für Jung und Alt noch ein Statussymbol war, legen gerade jüngere, urbane Menschen heute keinen gesteigerten Wert mehr auf ein teures Kraftfahrzeug. Die Diskussionen um Schadstoffausstoß und der politisch forcierte, aber in der technischen Praxis noch mit unzähligen Unsicherheiten behaftete Umstieg auf E-Mobilität tun ein Übriges: Automobilaktien sind keine sichere Bank mehr. Die Aktienkurse in dieser Branche schwanken sehr stark.

Das ist nur ein Beispiel, das illustriert, warum Sie beim Investieren keine Scheuklappen aufsetzen und Ihre Einzelwerte auch nach Branchenauswahl streuen sollten. Sie brauchen nicht in allen Branchen investiert zu sein. Zur Stabilisierung Ihres Depots empfehlen wir Ihnen aber einen ausreichend hohen Anteil an Werten, die nicht so stark am Tropf der Konjunktur hängen. Zwar können auch solche Aktien Einbußen erleiden. Aber erfahrungsgemäß schwächeln sie vor allem dann, wenn der gesamte Aktienmarkt schwächelt, und üblicherweise erholen sie sich schneller und vor allem nachhaltiger von zwischenzeitlichen Kurseinbrüchen als konjunkturabhängige Werte.

Zyklisch, also konjunkturabhängig, sind beispielsweise Automobilhersteller und deren Zulieferer, Maschinen- und Anlagenbauer sowie Chemiekonzerne. Nicht zyklische Werte sind dagegen zum Beispiel Nahrungsmittel- und Getränkekonzerne, Konsumgüterhersteller, Pharmahersteller oder sonstige Unternehmen aus der Gesundheitsbranche.

Fazit: Streuung ist gut – aber übertreiben Sie es nicht

Ohne jeden Zweifel empfiehlt sich die Diversifizierung für Ihr Depot. Das betrifft sowohl die Anlageklassen als auch die Streuung nach Unternehmensgrößen, Branchen und Regionen. Beschränken Sie sich dabei aber auf 15 bis 25 Werte. Dann ist Ihr Depot übersichtlich und gut handhabbar. Mehr lässt sich kaum mit vernünftigem Zeitaufwand beobachten und managen.

Märkte und Regionen, über die Sie nicht viel wissen, decken Sie – wenn überhaupt am besten mit Fondslösungen ab. Dabei empfehlen sich ETFs bei voll entwickelten Industrieländern und aktiv gemanagte Fonds bei Schwellenländern – denn hier sind die führenden Indizes noch nicht vorrangig bestückt mit den Unternehmen, die bereits durch langjährigen Erfolg überzeugt haben.

Es gibt aber bei der regionalen Streuung keine Pflicht, sich alle wichtigen Regionen ins Depot zu holen. Sie brauchen sich nicht unbedingt Sorgen zu machen, wenn Sie vor allem deutsche Aktien im Depot haben. Denn schließlich verdient etwa der DAX-Wert Siemens trotz Sitz in Deutschland sein Geld nicht nur hierzulande, sondern genauso in anderen europäischen Ländern, im Nahen Osten, in Asien, Nord-, Mittel- und Südamerika sowie in Australien. Eine übertriebene Angst vor lokal begrenzten Investments ist sicher nicht angebracht.

Sparpläne: ein wichtiger Beitrag zum Aufbau eines Puffers

Wohl dem, der einen großen Puffer hat, bevor er in der Verlustzone landet. Denn wer sein Depot deutlich im Plus führt, der wird nicht gleich die Nerven verlieren, wenn an den Börsen dieser Welt wieder einmal Weltuntergangsstimmung herrscht. Es stellt sich die Frage, wie sich möglichst rasch ein solider Puffer aufbauen lässt, der Verluste abfedert. Die Antwort lautet: durch einen günstigen Einkauf. Je günstiger Sie ein Wertpapier im Vergleich zu seinem fairen Wert erwerben, desto besser. Tipps dazu finden Sie im Aktienkapitel weiter hinten in diesem Buch. Aber selbstredend lässt sich der optimale Einstiegszeitpunkt, bei dem die Kurse just den Tiefpunkt erreicht haben, praktisch nie treffen.

Es gibt dennoch einen einfachen Trick, im Durchschnitt für einen günstigen Einkauf zu sorgen: Sparpläne. Bei einem Sparplan kaufen Sie Ihre Wertpapiere nicht für einen größeren Einmalbetrag von beispielsweise 1.000, 5.000 oder gar 10.000 Euro, sondern in regelmäßigen, immer gleich hohen Raten von beispielsweise 25, 50, 100 oder auch 200 Euro. Sie profitieren auf diese Weise vom sogenannten Durchschnittskosteneffekt (Cost Average Effect). Konkret bedeutet das: Im Durchschnitt erhalten Sie über alle Raten hinweg einen vergleichsweise günstigen Einstiegspreis.

Ein bisschen ist es, als würden Sie in regelmäßigen Abständen Ihr Auto betanken, und zwar immer für genau 30 Euro. Ist der Sprit gerade günstig, dann können Sie sich von diesen 30 Euro mehr Liter in Ihren Tank füllen als zu Zeiten, da die Benzin- oder Dieselpreise in die Höhe geklettert sind. Der ganze Trick besteht darin, dass Sie den Betrag exakt vorgeben, zu dem getankt wird.

Bei Sparplänen »tanken« Sie Wertpapiere für immer die gleiche Sparrate, und erfreulicherweise gibt es mittlerweile nicht nur Fonds- und ETF-Sparpläne, sondern bei einigen Brokern sogar Sparpläne auf Einzelaktien. Auch hier gilt: Ist der Kurs gerade weit oben, dann werden für Ihre Sparrate eben nur wenige Stück (oder Bruchteile) gekauft. Ist er dagegen aktuell niedrig, dann können Sie sich für Ihre festgelegte Sparrate entsprechend mehr kaufen. Die folgende Tabelle zeigt ein Musterbeispiel, wie es sich auswirkt, wenn Sie etwa monatlich immer die gleiche Rate von 100 Euro in Fondsanteile stecken.

Aktueller Preis je Fondsanteil/Aktie in Euro	Monatliche Sparrate in Euro	Fondsanteile je Rate	Anteile/Aktien gesamt	Gesamteinzahlungen in Euro	Gesamtwert in Euro
100	100	1	1	100	100
66	100	1,5	2,5	200	165
80	100	1,25	3,75	300	300
50	100	2	5,75	400	287,5
66	100	1,5	7,25	500	478,5
80	100	1,25	8,5	600	680

Wie sich der Durchschnittskosteneffekt auswirkt

Sechs Monate lang zahlen Sie jeden Monat 100 Euro in einen Fondssparplan ein. Am Ende haben Sie 600 Euro eingezahlt und besitzen Fondsanteile im Wert von 680 Euro. Im Beispiel beläuft sich der Sparzeitraum auf sechs Monate. In dieser Zeitspanne schwanken die Kurse je Fondsanteil zwischen 50 und 100 Euro. In einer solch schwankungsstarken Phase wäre es pures Glück, mit einer einzigen großen Investition den Tiefstkurs zu erwischen. Mit den monatlichen Sparraten brauchen Sie jedoch nicht darüber zu grübeln, ob die Kurse ihren Tiefstpunkt schon erreicht haben oder womöglich noch weiter sinken. Die Frage nach dem richtigen Timing und einem günstigsten Einstiegskurs erübrigt sich schlichtweg.

Anhand der Zahlen in den beiden rechten Spalten erkennen Sie, dass der Cost Average Effect keine Gewinngarantie bietet (in einigen Monaten liegt Ihr Depotwert unter der eingezahlten Summe). Doch nach einiger Zeit erreichen Sie fast zwangsläufig die Gewinnzone, weil Sie in schlechten Börsenphasen viele Anteile erworben haben und in teuren Börsenzeiten nur wenige. In diesem Beispiel haben Sie nach sechs Monaten 600 Euro investiert und besitzen Fondsanteile im Wert von 680 Euro. Das ist bereits ein zweistelliger Gewinn.

Entscheidend ist auch hier der Zeitfaktor

Ein Sparplan mit einer Monatsrate von 100 Euro klingt für einige Leser vielleicht etwas langweilig. Das hört sich nach »Kleckerbeträgen« an. Doch unterschätzen Sie dabei den Faktor Zeit nicht! Selbst kleine Beträge werden langfristig – mit der passenden Rendite – zu einem ansehnlichen Vermögen. Wir haben für Sie eine Modellrechnung mit verschiedenen Anlagezeiträumen und Renditen erstellt.

Wer fünf Jahre lang 100 Euro pro Monat in einen Aktien-, Aktienfonds- oder ETF-Sparplan einzahlt und dabei eine Rendite von 7 Prozent pro Jahr erreicht (das ist laut DAX-Renditedreieck des Deutschen Aktieninstituts die historische Durchschnittsrendite des DAX), kommt am Ende auf 7.163 Euro, von denen er 6.000 Euro selbst eingezahlt

Jahre	6 Prozent Rendite	7 Prozent Rendite	8 Prozent Rendite	10 Prozent Rendite
5	6.984 Euro	7.163 Euro	7.345 Euro	7.717 Euro
10	16.331 Euro	17.208 Euro	18.137 Euro	20.146 Euro
15	28.838 Euro	31.298 Euro	33.994 Euro	40.162 Euro
20	45.577 Euro	51.060 Euro	57.294 Euro	72.399 Euro
25	67.958 Euro	78.777 Euro	91.484 Euro	124.315 Euro
30	97.953 Euro	117.651 Euro	141.831 Euro	211.529 Euro

Das wird mit der Zeit aus einer monatlichen Einzahlung von nur 100 Euro in einen Sparplan

hat. Wer das 30 Jahre bis zur Rente durchhält, kann sich über ein »Ruhestandsgeld« von 117.651 Euro freuen, von dem er lediglich 36.000 Euro selbst eingezahlt hat. Auch kleine Summen ergeben ein ansehnliches Vermögen, wenn Sie die Zeit für sich arbeiten lassen und vor allem die Dividenden reinvestieren. Und falls Sie größere Beträge von mehreren 10.000 Euro anlegen wollen: Nichts hindert Sie daran, diese über einen Zeitraum von drei, vier Jahren hinweg via Sparplan anzulegen. Sie können parallel auch mehrere Sparpläne laufen lassen, das ist kein Problem.

Wie Sie sehen, schaffen Sie es mit Sparplänen mühelos und vor allem automatisiert, sich recht schnell einen ansehnlichen Gewinnpuffer zu schaffen, der verhindert, in schlechten Börsenphasen mit Ihrem Depot gleich wieder ins Minus zu geraten. Mehr noch: Sie können sich über Abwärtsbewegungen sogar freuen – stellen diese doch sicher, dass Sie von Ihren präferierten Wertpapieren gerade besonders viele zum günstigen Preis erhalten.

Sie haben es bereits gelesen: Sparpläne gibt es auf …

> Fonds (darunter Aktien-, Misch- und auch Rentenfonds),
> ETFs und
> Aktien.

Letzteres ist keine Selbstverständlichkeit, denn eine wichtige Voraussetzung für Sparplanfähigkeit ist der Kauf von Bruchteilen eines Wertpapiers. Wenn ein Aktienkurs gerade bei 100 Euro steht, sich Ihre monatliche Sparrate aber nur auf 30 Euro beläuft, dann sollte es möglich sein, 0,3 Stück von der betreffenden Aktie zu kaufen. Geht das nicht, dann lässt sich auch der gewünschte Cost Average Effect nicht erzielen. Viele Fondsgesellschaften ermöglichen den Bruchteilskauf von Fondsanteilen (man spricht hier von »sparplanfähigen Fonds«). Aber bei Aktien werden an den Börsen zunächst einmal nur ganze Stücke angeboten und keine Bruchteile. Hier ist es dann die Depot-Bank, die einen Bruchteilskauf via Sparplan eventuell doch ermöglicht.

Wie Sie einen Sparplan einrichten

Fonds- und ETF-Sparpläne bietet daher die Mehrheit der Depot-Banken an, mit großer Wahrscheinlichkeit auch Ihre.

- Klicken Sie zur Einrichtung auf den Schaltknopf »Sparplan« oder »Sparplan einrichten«.
- Geben Sie den Fonds oder ETF ein, den Sie besparen wollen (Eingabe von WKN oder ISIN).
- Legen Sie die Sparrate fest. Die meisten Broker geben eine Mindestsparrate von 25 oder 50 Euro vor.
- Wählen Sie den Turnus, in dem investiert werden soll (monatlich, vierteljährlich, halbjährlich) und das jeweilige Datum (z. B. Monatsanfang oder Monatsmitte).
- Geben Sie das Referenzkonto ein, von dem die Sparrate kurz vor dem Fonds- oder ETF-Kauf abgebucht werden soll.
- Setzen Sie ein Start- und, wenn Sie wollen, auch ein Enddatum.

Ein Hinweis noch: Aktiensparpläne mit der Möglichkeit, auch Bruchteile von Aktien zu erstehen, sind noch vergleichsweise neu. Sie haben sich noch nicht bei allen Depot-Banken etabliert. Angeboten werden sie beispielsweise von der Consorsbank, der ING, der Comdirect und der Deutsche-Bank-Tochter Maxblue. Eigentlich wirbt auch der zum Sparkassenverbund gehörige »s-Broker« mit Aktiensparplänen. Solange hier jedoch der Bruchteilskauf nicht möglich ist, raten wir Ihnen von diesem Angebot ab.

Achten Sie auf die Kosten

Ein Wort noch zu den Kosten: Erfreulicherweise sind die Transaktionsgebühren für Sparpläne in den vergangenen Jahren erheblich gesunken. Sowohl im Aktien- als auch im Fondsbereich wird bei den meisten Brokern nur eine Gebühr von 1,5 bis 2,5 Prozent des Ordervolumens verlangt – fixe Beträge pro Ausführung sind inzwischen die Ausnahme und nicht die Regel, sodass auch kleinere Raten nicht automatisch zu höheren prozentualen Kosten führen. Das gilt sowohl bei Fonds- als auch bei ETF- oder Aktien-Sparplänen.

Bei Sparplankauf von Namensaktien sollten Sie aber zunächst bei Ihrer Depot-Bank anrufen und dem Eintrag Ihres Namens ins Aktienregister widersprechen, damit die Gebühr dafür (meist um die 2 Euro pro Ausführung) entfällt. Das ist aber problemlos möglich. Falls Sie einen aktiven Fonds besparen wollen, wählen Sie einen mit einem Rabatt auf den Ausgabeaufschlag. Denn anders als ETFs werden solche Fondsanteile nicht aufschlagsfrei an der Börse gekauft, sondern bei der Fondsgesellschaft. Und diese erhebt üblicherweise einen Ausgabeaufschlag von bis zu 5 Prozent des Ordervolumens. Das muss nicht sein. Viele beliebte Publikumsfonds gibt es als Sparplan zumindest mit 50, manchmal sogar mit 100 Prozent Rabatt auf den Ausgabeaufschlag.

Sofern Sie Ihre Favoriten bei Ihrem Broker nicht oder zumindest nicht vergünstigt via Sparplan bekommen, dann lohnt es sich auch, extra für den gewünschten Fondssparplan ein neues Depot bei einem anderen Broker zu eröffnen. Geben Sie dazu beispielsweise den Fondsnamen und dem Begriff »Sparplan« in die Internet-Suchmaschine Google ein, finden Sie schnell, wer das gewünschte Wertpapier mit einem Rabatt auf die Kaufgebühr im Angebot hat. Da für die Depotführung bei vielen Brokern keine Gebühren anfallen, lohnt sich dafür auch ein Zweitdepot.

Fazit: Mit Sparplänen mindern Sie das Verlustrisiko

Sparpläne liefern einen entscheidenden Beitrag zur Verlustminderung beziehungsweise -vermeidung. Denn der Cost Average Effect sorgt für im Durchschnitt günstige Einkaufspreise, und durch die automatische und regelmäßige Ausführung mit immer gleichen Sparraten bleibt es Ihnen auch erspart, sich den Kopf über den günstigsten Einstiegszeitpunkt zu zerbrechen.

Einen weiteren Vorteil haben Sparpläne außerdem: Sie sind flexibel. Sollte sich ein bislang besparter Wert enttäuschend entwickeln und auch die Aussichten nicht gut sein, hindert Sie niemand daran, künftig einen anderen Wert zu besparen oder den Sparplan zu beenden. Zudem ist es gar kein Problem, gleich mehrere verschiedene Wertpapiere zu besparen und damit für mehr Diversifikation in Ihrem Depot zu sorgen.

Wertpapiere mit eingebautem Kapitalschutz

Eine Reihe von Wertpapieren trägt ihren Anspruch, vor Verlusten zu schützen, bereits im Namen. Gemeint sind vor allem Absolute-Return-Fonds und Garantiefonds, aber auch Garantie-Zertifikate. Hier erhalten Sie als Anleger beim Kauf die Garantie oder zumindest das Versprechen, dass Ihr Einsatz ganz oder größtenteils erhalten bleibt.

Die Anbieter dieser Wertpapiere werben gegenüber Privatanlegern mit der Chance, von der dynamischen Aufwärtsentwicklung der Börsen zu profitieren, ohne dabei zugleich die börsentypischen Risiken einzugehen. Kann das funktionieren? Sehen Sie sich dazu an, wie diese Wertpapiere konstruiert sind. Dann wissen Sie sofort: Das geht nicht ohne erhebliche Renditeeinbußen.

Absolute-Return-Fonds

Absolute-Return-Fonds geben keine Garantie, das ist schon einmal der wichtigste Unterschied zu den im nächsten Abschnitt besprochenen Garantiefonds. Es gibt aber auch einen Unterschied zu sonstigen Investmentfonds, die sich nicht mit dem Zusatz »Absolute Return« schmücken. Übrigens sollten Sie den Namenszusatz »*Absolute* Return« nicht mit »*Total* Return« verwechseln. Letzteres ist bei ganz normalen Investmentfonds nur ein Hinweis darauf, dass der Fokus auf der Erwirtschaftung von laufenden Einkünften, also vor allem Zinsen und daneben auch Dividenden liegt. Üblicherweise werden diese gleich wieder angelegt, also thesauriert, was eine gute Sache für die langfristige Vermögensbildung ist. In diesem Abschnitt geht es aber um die *Absolute*-Return-Fonds.

So funktionieren Absolute-Return-Fonds

Im Normalfall misst ein Investmentfonds seine Performance (also: Leistung) ganz einfach an einem Index, der sogenannten Benchmark (was übersetzt in etwa »Vergleichsmaßstab« oder »Richtgröße« heißt). Schneidet der Fonds besser ab als die Benchmark, dann gilt das als Erfolg, auch wenn beide im Minus sind.

Beispiel: Ein Fonds, der in deutsche Standardwerte investiert, wird üblicherweise den DAX als Benchmark hernehmen. Angenommen, der DAX ist am Jahresende mit 10 Prozent im Minus. Solange der betreffende Fonds nicht mehr als 10 Prozent verloren hat, wird das immer noch als Erfolg gewertet – schließlich hat der Fondsmanager den DAX geschlagen. Absolute-Return-Fonds verzichten dagegen auf eine solche Benchmark.

Der Anspruch von Absolute-Return-Fonds besteht darin, überhaupt kein Minus zu machen. Das allerdings wird nicht garantiert, sondern nur versprochen. Verlustgefahren sollen minimiert werden, ein absoluter Überschuss (englisch: »Absolute Return«) soll bei der Geldanlage herauskommen. Üblicherweise sind Absolute-Return-Fonds deshalb Mischfonds, genauer gesagt Multi-Asset-Fonds, die viele verschiedene Anlageinstrumente nutzen, auch solche, die von fallenden Kursen profitieren und die Sie im ersten Teil des Buches (»Kurzfristige Depot-Absicherung«) schon kennengelernt haben, beispielsweise Optionen, Optionsscheine oder Short-ETFs.

Fazit: Große Klappe, nichts dahinter

Absolute-Return-Fonds werden von Anlegern heute gerne gekauft, weil reine Rentenfonds aufgrund der niedrigen Zinsen praktisch nichts mehr bringen, wenn sie nur in sichere Staats- und Unternehmensanleihen investieren. Je nach Marktlage werden bei Absolute-Return-Fonds auch Absicherungsinstrumente eingesetzt, und da denkt sich so mancher Privatanleger: »Prima, die Fondsmanager sind ja Profis, und sie können die ganzen höchst komplizierten Absicherungsvehikel souverän auswählen und einsetzen.« In der Praxis scheitert das aber in aller Regel, wie beispielsweise auch eine im November 2018 veröffentlichte Untersuchung von Morningstar Deutschland belegt. Demnach gelingt es mit dem Absolute-Return-Ansatz selbst in klaren Verlustjahren nicht, Verluste zu vermeiden. Der Grund liegt auf der Hand: Auch erfahrene Marktkenner haben keine Kristallkugel, mit der sie absolut sicher prognostizieren können, wann es an den Märkten aufwärtsgeht und wann Verluste drohen.

Einen Absolute-Return-Fonds zu kaufen, empfehlen wir daher nicht. Als Anleger verzichten Sie damit in guten Jahren auf hohe Renditen, ohne in schlechten Jahren dafür entschädigt zu werden, weil die Verluste ausbleiben. Dieser Lösungsansatz taugt zur Depot-Absicherung nicht.

Garantiefonds

»Mit Garantiefonds können Sie Kapitalschutz und Gewinnchancen kombinieren«, so lautet etwa das vollmundige Versprechen der sparkasseneigenen Fondsgesellschaft Deka auf ihren Internetseiten. Tatsächlich garantieren offene Investmentfonds der Kategorie Garantiefonds einen vollständigen Kapitalerhalt – es handelt sich also nicht nur um ein Versprechen, das auch gebrochen werden könnte, sondern um eine Garantie. Üblicherweise bezieht sich diese Garantie

- auf das Ende einer bestimmten, zumeist mehrjährigen Laufzeit oder
- bei Garantiefonds, die jederzeit ge- und verkauft werden können und keine feste Laufzeit haben, auf das Ende einzelner, vorher festgelegter Sicherungszeiträume.

Zu den Garantiefonds gehören auch beispielsweise Riester-Investmentfonds, bei denen der Staat es für die Förderzulassung zur Bedingung gemacht hat, dass keine Verluste für die Riester-Sparer entstehen. Wie aber können Fondsgesellschaften angesichts schwankender Kurse eine solche Garantie überhaupt erfüllen?

Wichtigster Ansatz ist das Money Management

Garantiefonds nutzen vor allem den einen Ansatz, den Sie in diesem Buch schon im Abschnitt »Money Management« kennengelernt haben. Das meiste Geld der Anteilseigner wird in extrem sichere Anleihen gesteckt. Nur die erwirtschafteten Erträge werden mit höherem Risiko und höheren Renditeaussichten investiert. Damit geht zumindest der Grundstock des Vermögens nicht verloren, sondern bleibt nominal bestehen. Zur Gewinnabsicherung setzen aber auch Garantiefonds ähnlich wie die zuvor besprochenen Absolute-Return-Fonds zusätzlich Derivate ein, also abgeleitete Wertpapiere und Terminkontrakte, und ebenso Short-ETFs, die bei fallenden Kursen entgegen der allgemeinen Marktrichtung ein Plus erwirtschaften. Während der gesamten Anlagezeit ist das Anlegergeld übrigens nicht bedroht, wenn etwa die Fondsgesellschaft pleitegehen sollte. Es wird, wie immer bei offenen Investmentfonds, als Sondervermögen geführt und ist damit auch vor dem Zugriff möglicher Gläubiger geschützt.

Fazit: Die angeblichen Chancen bestehen nur auf dem Papier

Es mag wenig überraschen, dass es die versprochene eierlegende Wollmilchsau nicht gibt. Zugleich nennenswerte Renditen am Aktienmarkt zu erwirtschaften und das eingesetzte Kapital vollständig zu erhalten, ist eine Kunst, die niemand beherrscht. Wie im Abschnitt »Money Management« geschildert, bewerkstelligen solche Garantiefonds den Kapitalerhalt hauptsächlich dadurch, dass große Teile des investierten Geldes angesichts der derzeit vorherrschenden Niedrigzinsen nahezu renditefrei in niedrig verzinsten Anleihen herumdümpeln. Nur ein kleiner Rest kann rentabel angelegt werden. Entsprechend gilt ganz klar: Die Absicherung funktioniert zwar, aber die erzielten Renditen sind enttäuschend und in der Regel nicht wesentlich besser als auf einem Festgeldkonto.

Dazu kommt, dass die Garantie nicht immer gilt, sondern nur zu festgelegten Terminen. Das heißt, zwischenzeitliche Verluste können durchaus vorkommen und sind nicht ausgeschlossen. Wenn Sie also einen Garantiefonds vorzeitig verkaufen müssen, dann bekommen Sie möglicherweise nicht alles zurück, was Sie ursprünglich eingesetzt haben.

Eine Sache ist bisher zudem noch nicht angesprochen worden: Die Gebühren solcher Fonds sind in der Regel nicht von der Garantie erfasst. Diese Fondsgebühren und die beim Kauf und Verkauf anfallenden Transaktionsentgelte können Sie also auf jeden Fall abschreiben, wenn auch ansonsten zum Fälligkeits- oder Stichtag keine sonstigen Verluste möglich sind. Die Fondsgebühren übrigens sind keineswegs vernachlässigbar – so sind Ausgabeaufschläge zwischen 3 und 4 Prozent keine Seltenheit, und Verwaltungsgebühren bis zu 1,5 Prozent pro Jahr auch nicht.

Das alles lässt nur den einen Schluss zu: Ein Garantiefonds lässt sich ohne die genannten Nachteile, ohne Kosten und bei ansonsten annähernd gleicher Rendite problemlos durch ein Festgeldkonto ersetzen. Denn die häufig angesprochenen attraktiven Renditechancen bestehen nur theoretisch. In der Praxis fällt die Rendite äußerst mager aus. Einzig der Insolvenzschutz durch den Status als Sondervermögen ist ein Vorteil, der Garantiefonds immerhin noch minimal attraktiver macht als Garantie-Zertifikate, die im nächsten Abschnitt angesprochen werden.

Garantie-Zertifikate (Kapitalschutz-Zertifikate)

Garantie-Zertifikate, die auch unter dem Namen Kapitalschutz-Zertifikate vermarktet werden, starten mit dem gleichen Versprechen wie Garantiefonds: Als Anleger können Sie die Renditechancen an den Börsen wahrnehmen, ohne die Risiken einzugehen, die sonst typischerweise mit einem Börsen-Investment verbunden sind. Anders als bei Fonds braucht es Sie hier aber gar nicht zu interessieren, was die emittierende Bank mit Ihrem Geld tatsächlich macht. Sie haben einen Rückzahlungsanspruch, und wie die Bank die Rückzahlung bewerkstelligt, ist nicht Ihr Problem.

So funktionieren Garantie-Zertifikate

Bei Zertifikaten gilt immer: Sie leihen das Geld vollständig dem Emittenten und der zahlt Ihnen bei Fälligkeit oder Verkauf das zurück, was das Zertifikat wert ist, mindestens aber den Nennwert, sprich das investierte Geld. Wobei der Schutz nicht unbedingt 100 Prozent dieses Nennwerts umfassen muss, denn Sie können auch Garantie-Zertifikate mit niedrigerem Absicherungsniveau kaufen. Es gibt durchaus Papiere am Zertifikate-Markt, bei denen der Schutzumfang beispielsweise nur 90 oder 95 Prozent des Nennwerts umfasst.

Wie bei Garantie-Zertifikaten bezieht sich die Kapitalschutz-Garantie auf einen bestimmten Termin, üblicherweise das Laufzeitende. Während der Laufzeit können auch hier Verluste auftreten. Die genaue Wertentwicklung hängt dabei stets von einem Basiswert (z. B. einem bestimmten Aktienkorb oder einem Index) ab, dessen Entwicklung irgendwie umgerechnet wird. Wie diese Rechenformel aussieht und was alles die Entwicklung ihres Garantie-Zertifikats beeinflusst, sehen Sie als Anleger meistens nicht. Üblicherweise beeinflusst auch die Schwankungsbreite des Marktes und das allgemeine Zinsniveau diese Berechnung. Manchmal gibt es zudem bestimmte Bedingungen, die erfüllt sein müssen, damit es feste Zinsgutschriften auf den Wert des Zertifikats gibt. Eine Blackbox bleibt das Ganze in der Regel trotzdem. Bei Laufzeitende erhalten Sie dann von der emittierenden Bank das, was bei der Berechnung herauskommt. Idealerweise hat sich Ihr Basiswert stramm nach oben entwickelt. Dann hat auch Ihr Garantie-Zertifikat an Wert gewonnen. Allzu viele Hoffnungen sollten Sie sich allerdings nicht machen. Denn die Banken stellen bei der Emission solcher Zertifikate schon sicher, dass die gegebene Garantie nicht etwa auf ihre Kosten eingelöst werden muss.

Zudem besteht bei allen Zertifikaten – auch bei Garantie- beziehungsweise Kapitalschutz-Zertifikaten – ein sogenanntes Emittentenrisiko, das wissen Sie aus dem Abschnitt »Short-Zertifikate« im ersten Teil dieses Buches schon. Sprich: Die Garantie ist nur so gut wie der Garantiegeber. Geht die emittierende Bank pleite, dann ist die Garantie nichts mehr wert. Das ist der wesentliche Unterschied zu Garantiefonds: Das Anlegergeld ist kein Sondervermögen mit eingebautem Insolvenzschutz.

Fazit: Reine Bauernfängerei

Garantie-Zertifikate erwirtschaften üblicherweise keine besseren Renditen als Garantiefonds, denn auch sie können keine eierlegende Wollmilchsauen züchten. Immerhin fällt üblicherweise kein Ausgabeaufschlag an, und auch laufende Gebühren gibt es in der Regel nicht. Doch schlagen auch hier die Transaktionskosten für den Kauf solcher Zertifikate zu Buche, und üblicherweise bezahlen Sie das Zertifikat zumindest einmalig in Form des Spreads, also des Unterschieds zwischen Geld- und Briefkurs. Dieser Spread beläuft sich bei manchen Garantie-Zertifikaten durchaus auf 1,5 bis 2,5 Prozent, was bedeutet: Für den Kauf eines solchen Zertifikats müssen Sie bis zu 2,5 Prozent mehr hinblättern, als Sie bei einem Verkauf erhalten. Verkaufen müssen Sie nicht, wenn Sie das Papier bis zur Fälligkeit halten – dann wird Ihnen der Wert einfach aufs Verrechnungskonto überwiesen. Aber der Aufpreis beim Kauf macht sich trotzdem bemerkbar – und ebenso die Transaktionskosten, die Ihre Depot-Bank verlangt.

Auch hier sind unterm Strich die Renditen erfahrungsgemäß dermaßen gering, dass sich kaum ein Vorteil gegenüber einem guten Tagesgeld- oder Festgeldkonto ergibt. Zudem gibt es das Emittentenrisiko: Garantie-Zertifikate sind weder Sondervermögen, noch fallen sie unter die Einlagensicherung der Banken. Deshalb gilt auch hier: Auf diese Form von Wertpapieren können Sie gut verzichten, denn die versprochenen Renditechancen sind oft nichts als Bauernfängerei. Als Anleger verpassen Sie nichts, wenn Sie keine solchen Wertpapiere kaufen.

Gold und Silber für die Depot-Absicherung

Ist es empfehlenswert, zur Absicherung gegen Börsenverluste in Gold und Silber zu investieren? Wenn Ihnen das Thema Vermögensschutz am Herzen liegt, sollten Sie zumindest darüber nachdenken. Denn in der Vergangenheit sind vor allem die Goldkurse häufig gestiegen, wenn der Aktienmarkt schwächelte. Allerdings sind solche gegenläufigen Bewegungen, oder negativen Korrelationen, wie es in der Fachsprache heißt, heute nicht mehr so selbstverständlich. Es gibt durchaus Situationen, in denen Aktien und Gold gleichzeitig an Wert verlieren. Folglich geht der Einsatz von Gold – und auch von Silber – über den Zweck der reinen Depot-Absicherung hinaus:

> Edelmetalle dienen vor allem der Wertaufbewahrung. Zwar schwankt der Goldpreis mitunter kräftig, langfristig jedoch wird niemand an der Werthaltigkeit von Gold zweifeln. Für Silber gilt Ähnliches bei oft noch stärkeren Schwankungen. Sie können fast überall auf der Welt Gold oder Silber kaufen, es verkaufen oder es als Zahlungsmittel statt der gängigen Währungen einsetzen.

> Silber ist zudem als Zahlungsmittel aufgrund seiner kleinen Stückelung besser geeignet als Gold: Mit Silbermünzen könnte man im Krisenfall auch Nahrungsmittel bezahlen, mit Goldmünzen dagegen wäre das ein schlechter Tausch.

Im Prinzip haben Sie zwei Möglichkeiten, in Gold und Silber zu investieren: Sie können Münzen oder Barren, also physisches Edelmetall, kaufen. Alternativ dazu gibt es Wertpapiere an der Börse, die das Eigentum an einer bestimmten Menge Gold oder Silber verbriefen. Lesen Sie im Folgenden die Einzelheiten dazu.

Gold und Silber in physischer Form: So kaufen Sie Barren oder Münzen

Es gibt viele spezialisierte Edelmetallhändler (z. B. Degussa Goldhandel, pro aurum, philoro) sowie einige Banken (z. B. Commerzbank, Reisebank), die Anlagegold und -silber zum Kauf anbieten. Als Anleger haben Sie die Wahl zwischen Barren und Münzen:

> **Barren** erhalten Sie bis 100 Gramm in der Regel in einer Blisterverpackung. Es gibt sie bei Gold schon ab Gewichtseinheiten von einem Gramm, bei Silber ab einer Feinunze (die Feinunze ist das gängige Gewichtsmaß für Edelmetalle und entspricht rund 31,1 Gramm). Bis 100 Gramm sind es gestanzte Barren, ab 100 Gramm erhalten Sie in der Regel gegossene Barren (erkennbar an den runden Kanten). Die Feinheit beläuft sich, je nach Material und Hersteller, auf 999 oder 9.999 von 1.000 Teilen. Die Gewichtsangaben beziehen sich übrigens stets nur auf das enthaltene Edelmetall und nie auf die Beimischung (z. B. Kupfer). Barren haben den Vorteil einer bequemen, platzsparenden Lagerung. Auch sind sie aufgrund der etwas weniger aufwendigen Herstellung zumindest in Gewichtseinheiten ab einer Feinunze oft etwas günstiger als Münzen. Dafür taugen sie nur bedingt als Zahlungsmittel – die Menschen akzeptieren lieber Münzen. Silberbarren sind außerdem in Deutschland mehrwertsteuerpflichtig – Sie zahlen also einen Aufpreis von 19 Prozent, der bei Gold entfällt.

> **Münzen** sollten Sie für die Geldanlage beziehungsweise den Vermögenserhalt nur in Form von sogenannten Anlagemünzen (Bullion Coins, übersetzt etwa »Barrenmünzen«) kaufen. Wie bei Barren gilt auch hier: Der Preis orientiert sich an der aktuellen Notierung des jeweiligen Edelmetalls, auch wenn Sie selbstverständlich auch hier mit einem Aufschlag auf den reinen Materialpreis rechnen müssen. Anlagemünzen gibt es in

Gold schon ab einer Stückelung von 1/25 beziehungsweise 1/20 Feinunze, in Silber in der Regel erst ab einer Feinunze. Manchmal werden auch Münzen mit 2, mit 5 oder gar mit 10 Feinunzen angeboten – vor allem aus Silber. Idealerweise legen Sie sich die bekanntesten und am weitesten verbreiteten Münzen in Ihren Tresor. Dazu gehören Krügerrand (Südafrika), Maple Leaf (Kanada), Wiener Philharmoniker (Österreich) und American Eagle (USA). Diese Münzen sind sowohl in Gold als auch in Silber erhältlich. Den Krügerrand als älteste Anlagemünze der Welt gibt es allerdings erst seit 2017 in Silber, sein 50-jähriges Bestehen war Anlass für diese Neuerung. Die Feinheit beläuft sich, je nach Münze und Jahrgang, auf 916,67 (Krügerrand in Gold), 999 oder 999,99 von 1.000 Teilen. Zu den beliebtesten und günstigsten Silbermünzen, die nicht in Gold erhältlich sind, gehört der Koala (Australien). Wichtig zu wissen: Goldmünzen sind mehrwertsteuerfrei zu haben, auf Silbermünzen wird in Deutschland jedoch Mehrwertsteuer fällig. Sie können den 19-prozentigen Aufschlag jedoch vermeiden, indem Sie sogenannte differenzbesteuerte Münzimporte kaufen. Hier beläuft sich der Aufschlag auf den Netto-Münzpreis auf 8 bis 9 Prozent (differenzbesteuerte Barren gibt es dagegen nicht).

Idealerweise meiden Sie allzu kleine Stückelungen, weil hier der Aufschlag auf den reinen Materialwert (das sogenannte Aufgeld) groß ist. Sowohl bei Barren als auch bei Münzen weit verbreitet ist die Gewichtseinheit der sogenannten Feinunze (ca. 31,1 Gramm).

Steht bei Ihnen die Wertaufbewahrung im Vordergrund, dann sind Barren die richtige Wahl. Geht es Ihnen vorrangig um eine mögliche Nutzung als Zahlungsmittel in einer Krise, dann liegen Sie vor allem mit den bekannteren Münzen wie Krügerrand und Maple Leaf richtig.

Wo Sie günstige Bezugsquellen finden

Sie fragen sich, wo Sie Edelmetallmünzen oder -barren günstig kaufen können? Eine ganze Reihe von Händlern und einige Banken haben sich darauf spezialisiert – viele ermöglichen auch einen Kauf via Versandhandel und verschicken die bestellten Einheiten dann in einem versicherten Paket. Um die günstigsten Bezugsquellen herauszufinden, nutzen Sie am besten Preisvergleiche im Internet. Einen solchen finden Sie beispielsweise bei www.gold.de. Sie können in der Navigationsleiste links eine bestimmte Anlagemünze oder einen Barren in der gewünschten Gewichtsklasse auswählen – und erhalten dann als Ergebnis eine Liste der günstigsten Bezugsquellen. Vergessen Sie dabei aber nicht, die ebenfalls angegebenen Versandkosten zu berücksichtigen, falls Sie den jeweiligen Händler nicht persönlich aufsuchen können oder wollen. Ein Kauf von privat ist gefährlich. Denn es gibt keine Schnäppchen, und auf Online-Auktionsplattformen wie auch auf Floh- und Trödelmärkten tummeln sich Betrüger, die ihren Kunden Fälschungen andrehen.

Gold und Silber im Depot: ETCs ersparen Ihnen den Tresor zu Hause

Wer zu Hause keinen Tresor hat, der kann auch einen ETC kaufen, anstatt in physisches Gold und Silber zu investieren. Die Abkürzung steht für »Exchange Traded Commodities«, übersetzt »börsengehandelte Rohstoffe«. Ein Anteil eines ETCs repräsentiert eine bestimmte Menge von Gold oder Silber, zum Beispiel ein Gramm oder eine Zehntel Feinunze. Die Preisnotierung ist nahe dem aktuellen Gold- beziehungsweise Silberkurs, und hier spielt die Mehrwertsteuer keine Rolle (auch Silber können Sie sich auf diese Weise mehrwertsteuerfrei in Ihr Depot legen).

Edelmetall-ETCs sind häufig physisch hinterlegt. Das heißt, mit einem Anteil an einem solchen ETCs erwerben Sie eine bestimmte Menge Gold oder Silber, das für Sie tatsächlich in Form von Barren in einem Tresor eingelagert wird. Bei manchen ETCs können Sie sich das Edelmetall sogar physisch nach Hause liefern lassen, wenn Sie das möchten. Das ist jedoch mitunter mit erheblichen zusätzlichen Kosten und/oder mit einer Mindestanlagesumme verbunden. Durch eine Treuhandkonstruktion ist außerdem gewährleistet, dass Ihr Anteil am eingelagerten Gold oder Silber auch dann nicht verloren ist, wenn der Anbieter je pleitegehen sollte. Denn den Status als Sondervermögen haben ETCs – anders als die namentlich ganz ähnlich klingenden ETFs – nicht.

Bei ETCs fallen allerdings meistens Jahresgebühren an, die bei Silber üblicherweise höher sind als bei Gold – kein Wunder, denn bei gleichem Wert muss ein Silbertresor viel größer sein als ein Goldtresor. Rechnen Sie mit bis zu 0,5 Prozent des in ETCs angelegten Geldes pro Jahr. Nur einige wenige ETCs verlangen keine solche Verwaltungsgebühr, etwa der Euwax Gold II der Stuttgarter Börse. Alle Gebühren sind dann auf einmal abgegolten mit dem Spread, also Unterschied zwischen An- und Verkaufskurs, den Sie beim Börsenkauf zahlen.

ETCs kaufen Sie ganz einfach, indem Sie bei Ihrer Depot-Bank eine Wertpapierorder aufgeben. Bevorzugen sollten Sie ETCs, die in vollem Umfang physisch hinterlegt sind, zum Beispiel Xetra Gold oder Euwax Gold II. Mit dem Kauf dieser Papiere sichern Sie sich den Anspruch, sich das Edelmetall physisch ausliefern zu lassen. Kursgewinne bei diesen beiden ETCs unterliegen außerdem nicht der Abgeltungssteuer – sie werden steuerlich so eingestuft, als wären Sie im Besitz des Goldes in physischer Form, deshalb bleiben eventuelle Gewinne nach einer Haltedauer von mindestens einem Jahr steuerfrei. Bei anderen ETCs ohne physischen Lieferanspruch ist das jedoch anders.

Mit einem ETC auf Silber umgehen Sie das Mehrwertsteuer-Problem, denn das Silber wird außerhalb Deutschlands eingelagert. Voll mit Silber hinterlegt ist beispielsweise Xtrackers Physical Silver ETC. Hier ist allerdings keine Möglichkeit gegeben, sich das Silber physisch ausliefern zu lassen – und auch andere Silber-ETCs bieten diese Option bisher nicht.

Fazit: Als Krisenschutz im Umfang von maximal 5 bis 10 Prozent sinnvoll

Ob Edelmetalle zur reinen Absicherung gegen Depotverluste funktionieren, sei dahingestellt. Heutzutage ist nicht mehr sicher, dass Gold und Silber gerade dann an Wert gewinnen, wenn die Aktienmärkte schwächeln.

Wenn Sie aber darüber hinaus Ihr gesamtes Vermögen absichern möchten gegen weitaus gravierendere Ereignisse – etwa einen Währungszusammenbruch oder eine schwerwiegende Krise –, dann sind Edelmetalle sinnvoll, und zwar am besten in physischer Form. Sie sollten allerdings nicht mehr als 5 bis 10 Prozent Ihres Vermögens in Edelmetalle stecken.

Allenfalls, wenn zu Hause der Tresor fehlt, dann sind börsengehandelte und voll mit Gold hinterlegte ETCs eine gute Alternative, den eigenen Depotwert mit Edelmetallen abzusichern. Hier fehlt jedoch die Möglichkeit, sie als Zahlungsmittel einzusetzen – eine physische Auslieferung wird zwar manchmal angeboten, ist aber in der Praxis meist zu teuer.

Der größte Vorteil von Edelmetallen ist der extrem langfristige Werterhalt, das große Vertrauen, das sie weltweit genießen, und – in physischer Form – auch die Anonymität: Bei einem Kauf bis zur Barzahlungsgrenze von 9.999,99 Euro brauchen Sie in Deutschland Ihre Personalien nicht preiszugeben. Bei einem Verkauf werden zumindest professionelle Edelmetallhändler oder auch Banken von Ihnen verlangen, sich auszuweisen, und sie werden Ihre Personalien auch abspeichern.

Allerdings sollten Sie auch die Nachteile berücksichtigen, die Sie beim Kauf von Gold und Silber in Kauf nehmen müssen:

- Edelmetalle unterliegen – in Euro oder US-Dollar gemessen – erheblichen handelstäglichen Kursschwankungen. Diese können durchaus massiv ausfallen, denn Edelmetalle sind weltweit ein beliebtes Spekulationsobjekt. Auch ist heute nicht mehr gesagt, dass etwa der Goldpreis steigt, wenn die Aktienkurse sinken.

- Zudem sind die Spreads, also die Unterschiede zwischen An- und Verkaufskurs, teilweise erheblich – und fallen umso größer aus, je kleiner die Stückelung. Und gerade in Deutschland verdienen die Edelmetallhändler und diverse Banken sehr gut gerade an den Spreads.

- Bei physischen Münzen und Barren ist die Echtheitsprüfung recht aufwendig. Wenn Sie woanders kaufen als bei professionellen Edelmetallhändlern, renommierten Münzanbietern oder Banken, dann können Sie nie sicher sein, ob Ihnen nicht eine Fälschung angedreht wird. Umgekehrt kann sich ein Verkauf oder die Verwendung als Währungsersatz aus genau diesem Grunde auch als schwierig erweisen – zumindest bei Barren oder nicht sehr bekannten Anlagemünzen.

- Bei Silber haben Sie zudem noch die Mehrwertsteuer-Problematik, sofern Sie nicht einfach einen Silber-ETC in Ihr Depot legen: Zwischen 7 und 19 Prozent des Kaufpreises kassiert der Staat – und Sie haben nichts davon außer sicheren Verlusten.

- Das wichtigste Argument gegen ein allzu ausgiebiges Engagement in Gold und Silber sind aber die fehlenden Ausschüttungen: Weder lassen sich damit Zinsen erzielen noch erhalten Sie auf einen Goldbestand Dividenden. Ihr Vermögen in Form von Gold und Silber liegt damit gänzlich unverzinst herum, und ob künftige Kurssteigerungen dieses Manko wettmachen, ist keinesfalls sicher beziehungsweise sogar höchst zweifelhaft.

Edelmetalle sind dann gut, wenn es Ihnen nicht mehr vorrangig um den Vermögensaufbau, sondern um den sehr langfristigen Vermögenserhalt geht und wenn Sie beispielsweise mit einer Hyperinflation, einer Währungs- oder Wirtschaftskrise rechnen. Eine Warnung sei hier angebracht: Die extremen Preisschwankungen können durchaus dazu führen, dass Sie nominal Verluste erzielen – auch das können hohe Verluste sein. Das sollte trotzdem kein Grund sein, sich zu ärgern. Denn der Goldpreis stagniert oder sinkt vor allem in wirtschaftlich prosperierenden Zeiten. Wer am Ende seines Lebens mit seinem Gold also keine Kursgewinne erzielt hat, der hat in einem positiven Umfeld gelebt, das nicht von Krisen und Kriegen geprägt war. Als Absicherung für den engsten Familienkreis ist dieses Gold dann trotzdem von hohem Wert.

Substanz- und dividendenstarke Aktien: Langfristiger Vermögensschutz mit Rendite

Ausgerechnet Aktien für die Depot-Absicherung zu kaufen – das klingt wie ein Widerspruch in sich. Kaum eine andere Anlageklasse schwankt so stark. Doch diesen Punkt müssen Sie genauer unter die Lupe nehmen. **Denn Schwächephasen am Aktienmarkt dauern nicht lange!**

Kurzfristig kann ein Börsengewitter den Aktienmarkt nach unten drücken, doch der mittel- und langfristige Trend zeigt nach oben. Im Abschnitt über den Anlagehorizont haben wir Ihnen gezeigt, dass es am deutschen Aktienmarkt in den vergangenen 50 Jahren unmöglich war, längerfristig mit Aktien Geld zu verlieren. Das bedeutet: Substanzstarke Aktien sind eine gut funktionierende Depot-Absicherung – wenn Sie nur genug Zeit mitbringen.

Und hinzu kommt ein weiterer ganz großer Pluspunkt: Aktien gehören zu den Sachwerten und schützen daher quasi automatisch vor dem heimlichen »Vermögenskiller« Inflation. Viele Anlageklassen wirken auf dem Papier stabil und schwanken kaum, doch die Kaufkraft der Sparer und Investoren wird still und heimlich von der Inflation gemindert. Betrachten Sie die Entwicklung unter Berücksichtigung der Inflation, erkennen Sie, dass Aktien nicht nur Ihr Vermögen schützen, sondern Ihren persönlichen Wohlstand auch noch vermehren.

Der Bonner Ökonom Moritz Schularick hat in einer großen Studie die wichtigsten Kapitalanlagen für 16 Industrienationen über einen extrem langen Zeitraum von 150 Jahren untersucht. Im Analysezeitraum gab es alle Arten von Krisen, die Sie sich vorstellen können: große und kleine Kriege, Schulden-, Bank- und Immobilienkrisen, die große Weltwirtschaftskrise, Inflations- und Deflationsphasen, den kalten Krieg, Ölpreis-Krisen, Terrorakte, Atomunfälle und auch zahlreiche Naturkatastrophen. Die Kapitalmärkte wurden in diesen 150 Jahren mehrfach bis zum Äußersten auf die Probe gestellt. Daher sind die Durchschnittsrenditen, die nach 150 Jahren erzielt wurden, kein »Schönwetterereignis«, sondern ein realistischer Wert in turbulenten Zeiten.

So sehen die Ergebnisse aus: Die bei den deutschen Sparern so beliebten Zinsanlagen haben in den vergangenen 150 Jahren real, also nach Abzug der Inflation, 1 Prozent Rendite pro Jahr abgeworfen. Vermögenszuwachs ist so faktisch nicht zu erreichen, da auch noch Steuern und zum Teil auch Gebühren abgezogen werden müssen. Etwas besser sieht es bei Anleihen aus. Diese Anlageform hat im Beobachtungszeitraum rund 2,5 Prozent Gewinn pro Jahr abgeworfen. Das ist schon besser, reicht aber noch immer nicht aus, um einen spürbaren Vermögenszuwachs zu erzielen.

Wer in den vergangenen 150 Jahren mit Geldanlagen in eine höhere Liga aufsteigen wollte, kam an Immobilien und Aktien nicht vorbei. Aktien brachten real 7 Prozent Rendite pro Jahr, Wohnimmobilien sogar 8 Prozent.

Wohnimmobilien sind laut dieser Studie mit einem knappen Vorsprung vor Aktien die Renditesieger, doch für viele Sparer sind Immobilien als Geldanlage nicht geeignet. Zum einen erfordert der Kauf sehr viel Kapital, zum anderen können Immobilien im Regelfall nicht kurzfristig zu vernünftigen Konditionen ge- und wieder verkauft werden. Wer eine Immobilie kauft, legt sich gleich für mehrere Jahre oder Jahrzehnte fest. Außerdem sollten Sie die relativ hohen Transaktionskosten beim Immobilienkauf bedenken.

Diese beiden Schwachstellen haben Aktien nicht. Ganz im Gegenteil: Wenige Tausend Euro reichen definitiv aus, um Aktien zu kaufen. Hinzu kommt, dass Sie Aktien-Investments börsentäglich kaufen und verkaufen können. Wir empfehlen zwar bei Aktienanlagen eine Haltedauer von fünf, zehn oder noch mehr Jahren, damit sich die Stärken voll entfalten können, aber wenn Sie in einer Notsituation plötzlich und kurzfristig Geld benötigen, dauert der Verkauf über Ihre Depot-Bank nicht länger als drei Minuten. Und dabei können Sie auch noch zum aktuellen Marktpreis – also zu fairen Bedingungen – aussteigen.

Das einzig rechte Maß: die Realrendite

Bei der Geldanlage allein nur auf die erzielten Renditen zu schauen, wäre falsch. Sie müssen diese Verzinsung immer zusammen mit dem laufenden und meist unbemerkten Kaufkraftverlust des investierten Geldes betrachten. Genau das hat auch Schularick bei seiner Untersuchung getan. Eine Geldanlage ist nur dann rentabel, wenn die erzielte Rendite, also die Verzinsung, die eine Geldanlage einbringt, nach Abzug der aktuellen Inflationsrate positiv bleibt.

Nur die Aktienkurse schwanken, der Unternehmenswert ist dagegen relativ stabil

Der Börsenstar Warren Buffett, auf den wir gleich noch intensiv eingehen werden, hat von seinem Lehrmeister Benjamin Graham einen extrem wichtigen Grundsatz übernommen: Was so stark schwankt, das ist nicht der »echte« Wert des Unternehmens, sondern nur der börsentäglich festgestellte Preis (Aktienkurs).

Das bedeutet: Wenn Sie in erstklassige Unternehmen (robustes Geschäftsmodell, starke Bilanz, gutes Management) investieren, ist der tatsächliche Wert der Unternehmensbeteiligung relativ stabil und steigt sogar regelmäßig. Ihr tatsächliches Vermögen wird in einer Aktienmarktkrise nicht nachhaltig angegriffen. Nur der Preis für die Unternehmensanteile (= Aktienkurse) schwankt kurzfristig stärker, weil emotional getriebene Aktionäre in Schwächephasen aus Angst ihre Aktien viel zu billig verkaufen und in guten Phasen - von der Gier getrieben - viel zu teuer kaufen. So entstehen starke Kursschwankungen, die aber nur wenig mit dem wirklichen Wert des Unternehmens zu tun haben.

Das klingt sehr theoretisch, wird aber klarer, wenn Sie sich vorstellen, dass Sie nicht nur einzelne Aktien kaufen, sondern ein ganzes Unternehmen. In einem Konjunkturzyklus hat Ihr Unternehmen ca. drei Top-Jahre, fünf solide bis gute Jahre und zwei Krisen-Jahre in der Rezession. Ein Unternehmer mit Erfahrung würde niemals sein Unternehmen freiwillig in den beiden Krisen-Jahren verkaufen, sondern möglichst in einer Phase mit Rekordgewinnen.

Privatanleger handeln aber erfahrungsgemäß genau umgekehrt: In der schlechten Konjunkturlage lassen sie sich von der miesen Stimmung anstecken und verkaufen ihre Unternehmensbeteiligungen (nichts anderes sind Aktien bekanntlich) am Tiefpunkt. Nach einer Serie von guten Jahren mit neuen Rekordgewinnen kehren sie dann zurück und kaufen sich wieder viel zu teuer in den Markt ein. Angst und Gier sind die größten Feinde der Anleger!

Wenn Sie es schaffen, Ihre Emotionen halbwegs zu kontrollieren, und dann bei der Aktienauswahl auch noch auf Qualität setzen, sind Aktien keine Risiko-Papiere, sondern aktiver Vermögensaufbau! Wie eine erfolgreiche Aktienauswahl funktionieren kann, zeigen wir Ihnen jetzt.

Basiswissen Aktien

Aktien sind verbriefte Unternehmensanteile. Was heißt das? Als Käufer einer Aktie werden Sie zum Miteigentümer einer Aktiengesellschaft. Verbrieft war diese Eigentümerstellung in früheren Zeiten auf einem Dokument aus Papier, in der modernen Welt gibt es Aktien hauptsächlich in elektronischer Form. Im Unterschied zu anderen Unternehmensanteilen (etwa bei einer GmbH) sind Aktien als Anteile einer Aktiengesellschaft handelbar. Der Handel mit Aktien findet hauptsächlich an den Wertpapierbörsen dieser Welt statt, also zum Beispiel an der New York Stock Exchange (NYSE) oder an der deutschen Leitbörse Xetra. Vom Erfolg einer Aktiengesellschaft können Sie als Aktionär auf zweierlei Arten profitieren:

> Zum einen ist es üblich, dass ein Teil des erwirtschafteten Gewinns an die Aktionäre ausgeschüttet wird. Diese sogenannte Dividende wird in Deutschland im Regelfall einmal pro Jahr ausgezahlt, in den USA dagegen sind es vier kleinere Ausschüttungen pro Jahr (Quartalsdividenden). Langfristig machen die Dividenden bis zu 40 Prozent der Aktiengewinne aus.

> Zum anderen steigt bei Aktiengesellschaften, die sich erfolgreich am Markt behaupten, auf lange Sicht der Aktienkurs aufgrund der steigenden Nachfrage. Dass die Nachfrage steigt, kommt nicht von ungefähr: Denn der Teil der Gewinne, der nicht an die Aktionäre ausgeschüttet wird, wird wieder ins Unternehmen gesteckt, was dieses wertvoller macht und womöglich auch eine Ausweitung der Geschäftstätigkeit erlaubt. Und da dieser laufend steigende Wert auch in der Bilanz ausgewiesen wird, bleibt er auch an den Aktienmärkten nicht verborgen.

Allerdings vollzieht sich dieser Kursanstieg selbst bei erfolgreichen Aktiengesellschaften nicht in einer geraden Linie, sondern ist mit zum Teil kräftigen Schwankungen verbunden. Diese Schwankungen spielen auf lange Sicht dann kaum eine Rolle, wenn Sie Ihr Geld auf mehrere Aktiengesellschaften verteilen, wenn Sie sich solide, werthaltige Aktien aussuchen und wenn Sie idealerweise via Aktien-Sparplan investieren.

Aktienauswahl: Lernen Sie vom erfolgreichsten Aktionär der vergangenen 50 Jahre – Warren Buffett

Am Aktienmarkt gibt es zahlreiche Anlagestrategien. So wird zum Beispiel unterschieden zwischen der fundamentalen Analyse, die sich an den Kennzahlen des Unternehmens orientiert, und der charttechnischen Analyse, die sich an bestimmten Mustern im bisherigen Kursverlauf orientiert. Die unterschiedlichen Anlagestrategien haben ihre Daseinsberechtigung, aber wir empfehlen Ihnen, den Schwerpunkt auf die fundamentale Analyse zu setzen, wie auch Buffett sie praktiziert. Zum einen ist sie aus unserer Sicht logisch gut greifbar und damit leichter zu verstehen. Zum anderen gibt es Investoren, die seit über 50 Jahren erfolgreich damit arbeiten und messbare Erfolge über lange Zeiträume schwarz auf weiß vorweisen können. Die Strategie funktioniert also.

Wir können hier kein ganzes Lehrbuch über die klassische Fundamentalanalyse liefern, aber als eine Art »Appetithäppchen« zeigen wir Ihnen die oft unterschätzte Renditekraft der Dividenden und die Erfolgsstory des Warren Buffett, der mit der Value-Strategie zu einem der reichsten Menschen der Welt wurde.

Value-Strategie: Auf den Spuren von Warren Buffett

Warren Buffett wurde 1930 in Omaha, Nebraska, geboren. Während des Studiums der Wirtschaftswissenschaften traf er auf Benjamin Graham, den »Erfinder« der Fundamentalanalyse und der Value-Strategie. Sein Lehrmeister hat sein Denken und Berufsleben stark geprägt. In den folgenden Jahrzehnten optimierte Buffett die Value-Strategie und passte sie der Neuzeit an (auch mithilfe seines kongenialen Partners Charlie Munger). Mitte der 1960er-Jahre verwandelte Buffett das ehemalige Textilunternehmen Berkshire Hathaway in eine Beteiligungsgesellschaft und startete die beeindruckendste Erfolgsserie der modernen Börsengeschichte. Hier seine Leistung in einer Übersicht:

Jahr	Veränderung Berkshire-Substanzwert in %	Veränderung S&P 500 in %	Relativer Vergleich
1965	+23,8	+10,0	+13,8
1966	+20,3	-11,7	+32,0
1967	+11,0	+30,9	-19,9
1968	+19,0	+11,0	+8,0
1969	+16,2	-8,4	+24,6
1970	+12,0	+3,9	+8,1
1971	+16,4	+14,6	+1,8
1972	+21,7	+18,9	+2,8
1973	+4,7	-14,8	+19,5
1974	+5,5	-26,4	+31,9
1975	+21,9	+37,2	-15,3
1976	+59,3	+23,6	+35,7
1977	+31,9	-7,4	+39,3
1978	+24,0	+6,4	+17,6
1979	+35,7	+18,2	+17,5
1980	+19,3	+32,3	-13,0
1981	+31,4	-5,0	+36,4
1982	+40,0	+21,4	+18,6
1983	+32,3	+22,4	+9,9
1984	+13,6	+6,1	+7,5
1985	+48,2	+31,6	+16,6
1986	+26,1	+18,6	+7,5
1987	+19,5	+5,1	+14,4
1988	+20,1	+16,6	+3,5
1989	+44,4	+31,7	+12,7
1990	+7,4	-3,1	+10,5
1991	+39,6	+30,5	+9,1
1992	+20,3	+7,6	+12,7

1993	+14,3	+10,1	+4,2
1994	+13,9	+1,3	+12,6
1995	+43,1	+37,6	+5,5
1996	+31,8	+23,0	+8,8
1997	+34,1	+33,4	+0,7
1998	+48,3	+28,6	+19,7
1999	+0,5	+21,0	-20,5
2000	+6,5	-9,1	+15,6
2001	-6,2	-11,9	+5,7
2002	+10,0	-22,1	+32,1
2003	+21,0	+28,7	-7,7
2004	+10,5	+10,9	-0,4
2005	+6,4	+4,9	+1,5
2006	+18,4	+15,8	+2,6
2007	+11,0	+5,5	+5,5
2008	-9,6	-37,0	+27,4
2009	+19,8	+26,5	-6,7
2010	+13,0	+15,1	-2,1
2011	+4,6	+2,1	+2,5
2012	+14,4	+16,0	-1,6
2013	+18,2	+32,4	-14,2
2014	+8,3	+13,7	-5,4
2015	+6,4	+1,4	+5,0
2016	+10,7	+12,0	-1,3
2017	+23,0	+21,8	+1,2
2018	+0,4	-4,4	+4,8
Durchschnittliche Veränderung pro Jahr	+18,7 %	+9,7 %	+9,0

Performance von Berkshire Hathaway im Vergleich zum S&P 500

In 42 von 54 Jahren hat Buffett den S&P 500, den wichtigen US-amerikanischen Aktienindex, geschlagen. Das schaffte er insbesondere dadurch, dass er Verluste vermeiden konnte. Nur in zwei Jahren (2001 und 2008) sank der Buchwert pro Aktie. Und das waren jeweils Crash-Phasen, in denen der Aktienmarkt wesentlich mehr verlor. Insgesamt stieg der Buchwert (= Substanzwert) je Aktie um 18,7 Prozent pro Jahr – und das über einen unglaublich langen Beobachtungszeitraum von 54 Jahren. Der S&P 500 schaffte in dieser Phase »nur« ein durchschnittliches Jahresplus von 9,7 Prozent.

Noch einige Details: Anleger, die in den 1960er-Jahren Berkshire-Aktien für 1.000 US-Dollar gekauft und einfach nur gehalten haben, sind heute vielfache Dollar-Millionäre. Die A-Aktien von Berkshire Hathaway gelten mit Kursen von über 300.000 US-Dollar je Aktie als die teuersten Aktien der Welt. Die B-Aktien von Berkshire Hathaway (WKN: A0YJQ2; ISIN: US0846707026) haben allerdings die gleiche Qualität und sind preislich auch für Privatanleger erschwinglich.

Jetzt werden Sie sich fragen, mit welcher »Zauberformel« Buffett sich zum Milliardär und die Aktionäre der ersten Stunde zu Millionären gemacht hat und was Sie davon lernen können. Vorab die »kalte Dusche«: Sie werden enttäuscht sein, wie simpel die Investitionsgrundsätze von Buffett sind. Nach der Lektüre werden Sie sagen, dass das jeder kann. Unsere Antwort: Im Prinzip kann das jeder, aber nur eine kleine Minderheit hat die Disziplin, sich bei den Anlageentscheidungen an diese strengen Kriterien zu halten.

Die große Masse wird nervös, wenn Geld in der Kasse ist, und kauft zu früh und zu teuer; oder verkauft im Crash, weil der Druck, den der Kurssturz über Monate oder sogar Jahre ausübt, den Anleger zermürbt. Ab einer gewissen Schmerzgrenze verkaufen Anleger selbst Aktien von Weltklasseunternehmen weit unter Wert und sehnen sich nur noch nach Cash auf dem Konto und Stabilität im Depot.

Während 90 Prozent der Anleger, die am Aktienmarkt ohne festen Plan agieren, an den beiden Börsen-Todsünden Gier und Angst scheitern, läuft Buffett speziell in Bärenphasen zu großer Form auf und greift eiskalt zu wobei auch er selbstverständlich Niederlagen hinnehmen muss, wobei aber das Gesamtergebnis stimmt, wie oben gesehen. Buffett selbst kommentiert das Verhältnis von einfacher Anlagestrategie und menschlicher Handlungsschwäche mit den Worten, dass die Geldanlage »einfach, aber nicht leicht« sei. Sein Partner Charlie Munger schlägt in die gleiche Kerbe, wenn er sagt: »Nehmen Sie eine einfache Idee, und nehmen Sie sie ernst.«

Die vier Grundsätze von Warren Buffetts Value-Strategie für Ihren aktiven Depot-Schutz

In dem sehr empfehlenswerten Buch »Charlie Munger – Ich habe dem nichts mehr hinzuzufügen« erklärt Tren Griffin die vier fundamentalen Grundsätze für Value-Investing im Stil von Benjamin Graham, Warren Buffett und Charlie Munger:

1. Behandeln Sie eine Aktie als proportionale Beteiligung an einem Unternehmen.
2. Kaufen Sie mit einem deutlichen Abschlag gegenüber dem inneren Wert, um eine Sicherheitsmarge zu haben.
3. Lassen Sie den manisch-depressiven Markt Ihren Diener sein, nicht Ihren Herren.
4. Handeln Sie rational, objektiv und leidenschaftslos.

Wir möchten diese vier einfachen, aber so wichtigen Grundsätze für Sie jetzt etwas genauer unter die Lupe nehmen.

1. Behandeln Sie eine Aktie als Beteiligung an einem Unternehmen

Das hört sich selbstverständlich an, ist es aber nicht. Dazu eine Beobachtung: Wenn es darum geht, ein gebrauchtes Auto zu finden, investieren die meisten Menschen locker einen Monat Zeit, recherchieren im Internet und in Fachzeitschriften (Verbrauch, Pannenstatistik, typische Schwachstellen etc.) und testen zwei bis drei Fahrzeuge mit einer Probefahrt, bevor sie das Geld in das Auto investieren. Wenn aber die gleichen Personen einen »heißen Börsentipp« erhalten oder in der Zeitung von einer »Wachstumsrakete« lesen (aktuell sind zum Beispiel Lithium- und Cannabis-Aktien heiß gehandelte Kandidaten), nehmen sie sich nur fünf Minuten Zeit, informieren sich weder über das Geschäftsmodell, noch lesen sie den Geschäftsbericht, investieren aber dennoch einen vierstelligen Betrag in die betreffende Aktie. Unser Tipp: Wenn Sie Ihr Depot schützen wollen, sollten Sie die »heißen« Gratis-Aktien-Tipps, die vielfach im Internet verteilt werden, dringend meiden!

Ein anderes Beispiel: Während unserer Ausbildung an der Journalisten-Akademie haben wir den Handelsraum einer Schweizer Großbank besichtigt. Ein Händler war sehr damit beschäftigt, stetig zu kaufen und zu verkaufen. Auf unsere Frage, was er momentan handle, konnte er uns spontan keine Antwort geben. Er musste erst in der Handelsmaske nachsehen, um zu erkennen, dass es Terminkontrakte auf den europäischen Leitindex EuroStoxx50 waren. Sein Kommentar damals: »Mir ist es egal, was ich kaufe oder verkaufe. Wenn ich das festgelegte Einstiegssignal erhalte, dann kaufe ich, wenn ich das festgelegte Ausstiegssignal sehe, dann verkaufe ich.« Diesen Job erledigen heute übrigens Computersysteme im Bruchteil einer Sekunde.

Beide Wege sind nicht zwangsläufig zum Misserfolg verurteilt. Der »heiße Tipp« kann sich als Volltreffer an der Börse erweisen und auch das automatische Handelssystem kann eine hohe Trefferquote aufweisen. Aber das hat dennoch nichts mit einer gezielten und planvollen Investition zu tun, sondern ist reine Spekulation.

Wenn Sie an der Börse systematisch anlegen wollen, sollten Sie sich genauer über das Zielobjekt informieren. Laut Graham und Buffett ist es egal, ob Sie 0,001 Prozent oder 100 Prozent eines Unternehmens an der Börse kaufen. Sie werden jeweils Anteilseigner und sollten sich bestmöglich informieren. Unser Praxistipp: Lesen Sie die jüngsten zwei bis drei Geschäftsberichte und vergleichen Sie die Prognosen aus den alten Berichten mit den dann tatsächlich erzielten Resultaten. So bekommen Sie sehr schnell ein Gefühl dafür, ob im Management »Dummschwätzer« sitzen oder aber echte Unternehmer, die nachhaltig agieren.

Angesichts des relativ großen Zeitaufwands werden einige erfahrene Aktionäre antworten: »Ich kann nicht so viel Zeit in jedes einzelne Unternehmen stecken, dafür ist mein Depot mit 30 Positionen viel zu groß.« Die einfache Antwort: Weniger ist mehr! Finden Sie die Balance aus Risikostreuung (nicht alles auf eine Karte setzen) und Konzentration. Mit fünf bis zwölf Unternehmen haben Sie bereits ein sehr schönes Aktiendepot (im Gesamtdepot mit Aktien, Anleihen und Fonds reichen 15 bis 25 Positionen locker aus). Warren Buffett sagt zum Thema Aktienvielfalt im Depot: »Konzentrieren Sie Ihre Investments. Wenn Sie über einen Harem mit vierzig Frauen verfügen, lernen Sie keine richtig kennen.«

2. Kaufen Sie zu einem deutlichen Abschlag gegenüber dem inneren Wert

Dieser Value-Grundsatz hat sich in den vergangenen knapp 100 Jahren recht stark gewandelt. Der »Value-Erfinder« Benjamin Graham liebte es, Unternehmen zu kaufen, die deutlich unter dem Substanzwert notierten. Was damit gemeint ist: Ein Unternehmen kostet aktuell an der Börse 50 Millionen Euro. Wenn man das Unternehmen jedoch auflösen und alle Maschinen, den Fuhrpark und die Gebäude verkaufen würde, läge der Verkaufserlös bei 100 Millionen Euro. Oder wie es Buffett treffend formuliert hat: »Die Frage, wie man reich wird, ist leicht zu beantworten. Kaufe einen Dollar, aber bezahle nicht mehr als 50 Cent dafür.«

In der Theorie dürfte es diese »Schnäppchen« nicht geben, weil Märkte effizient sein sollen. Das bedeutet: Alle Informationen sind zu jeder Zeit im aktuellen Aktienkurs enthalten. Doch die Realität zeigt uns immer wieder, dass die Märkte nicht alle Informationen einpreisen und dass speziell in Boom- und in Krisenzeiten Emotionen wie

Gier und Angst dafür sorgen, dass Aktienkurse viel zu hoch oder zu niedrig ausfallen. Aktienkurs und Unternehmenswert sind also häufig nicht identisch. Buffett bringt es auf den Punkt: »Price is what you pay. Value is what you get.« Der Aktienkurs ist das, was du bezahlst. Der Wert ist das, was du bekommst.

Sehr schön hat das auch der berühmte Börsenkolumnist André Kostolany beschrieben: »Mit der Wirtschaft und der Börse verhält es sich wie mit dem Mann und seinem Hund beim Spaziergang. Der Mann läuft langsam und gleichmäßig weiter. Der Hund läuft vor und zurück. Aber beide bewegen sich in die gleiche Richtung. Der Mann ist die Wirtschaft, der Hund die Börse.« Das bedeutet: Mal bleibt der Hund zurück, die Aktienkurse notieren also unter dem fairen Wert, mal rennt der Hund voraus, die Kurse notieren also über dem fairen Wert. Aber die gemeinsame Richtung stimmt und Herrchen und Hund treffen sich während des Spaziergangs immer wieder. Dann ist der faire Kurs erreicht. Sie müssen also versuchen, Aktien dann zu kaufen, wenn sie deutlich unter dem Substanzwert notieren. Schaffen Sie das, haben Sie zwei elementare Vorteile: Sie besitzen eine Sicherheitsmarge, falls es an der Börse kracht, und außerdem lockt ein hoher Kursgewinn, wenn in guten Börsenphasen der Aktienkurs den fairen Wert erreicht.

Der Kauf weit unter dem Substanzwert ist der Ursprung der Sicherheitsmarge im Sinne von Benjamin Graham. Allerdings hat sich in den vergangenen Jahrzehnten die Definition verändert. Zu Grahams Zeiten waren viele Investoren schlecht informiert. Da war es relativ einfach, »Schnäppchen« am Aktienmarkt zu finden. Im modernen Computerzeitalter werden alle Geschäftsberichte digital aufbereitet. Da kommt es nur selten vor, dass der Aktienkurs weit unter dem Substanzwert notiert. Wenn das der Fall ist, gibt es meistens einen einfachen Grund: Das Unternehmen erwirtschaftet Verluste und reduziert so stetig die Substanz. Solche Aktien werden oft mit einem großen Sicherheitsabschlag gehandelt – sind aber nur selten Kauf-Kandidaten für Value-Investoren.

Buffett, Munger und andere erfolgreiche Value-Investoren berechnen den Sicherheitsabschlag heute oft anders: Es geht nicht um die jetzt verfügbare Unternehmenssubstanz, sondern um die zukünftig zu erwartenden Mittelzuflüsse (Cashflow). Wenn im Aktienkurs nicht berücksichtigt ist, dass zukünftig hohe Kassenzuflüsse zu erwarten sind, weil das Geschäftsmodell bombensicher ist, dann besteht die geforderte Sicherheitsmarge. Das erklärt auch, warum Buffett und sein Partner Munger für ihre Beteiligungsgesellschaft Berkshire Hathaway nicht nur »Schnäppchen« erwerben, die an der Börse (aus ihrer Sicht zu Unrecht) unter Druck stehen, sondern häufig auch erstklassige Top-Unternehmen, die auf den ersten Blick – gemessen an Kennzahlen wie dem KGV (Kurs-Gewinn-Verhältnis) oder der Dividendenrendite – auf den ersten Blick nicht günstig wirken.

3. Lassen Sie den manisch-depressiven Markt Ihren Diener sein, nicht Ihren Herren

In der Wirtschaftstheorie heißt es immer wieder, die Märkte seien effizient und im jeweiligen Aktienkurs seien alle verfügbaren Informationen bereits einpreist. Wenn das so wäre, würde kein Value-Investing funktionieren. Die Value-Strategie lebt davon, dass die Märkte eben gerade nicht rational agieren. Spätestens die Finanzkrise 2007 bis 2009 hat aus unserer Sicht gezeigt, dass die Geschichte von den effizienten Märkten nur ein Märchen ist. Damals wurden Wertpapiere, die noch Tage vorher über die bestmögliche Sicherheitsstufe verfügten (AAA-Rating), quasi über Nacht wertlos. Die Verbriefungen bestimmter Kreditforderungen hatten nur in Schönwetterphasen funktioniert, in der Immobilienkrise waren sie dagegen wertloser Müll. Warren Buffett hat auch diese Entwicklung sehr schön bildhaft beschrieben: »Erst wenn die Ebbe kommt, sieht man, wer nackt schwimmt.«

Die Investoren am Aktienmarkt handeln ebenfalls nicht rational. Benjamin Graham betrachtete den Aktienmarkt (»Mr. Market«) als manisch-depressiven Patienten. Mal ist er bestens gelaunt und zahlt Preise deutlich über dem fairen Wert. Dann wieder ist seine Stimmung extrem schlecht und er zahlt Preise weit unter dem fairen Preis. Ein Beispiel ist die Nestlé-Aktie. Der Lebensmittelgigant aus der Schweiz verfügt über ein »langweiliges«, aber sehr stabiles Geschäftsmodell. In Boom-Phasen geben die Kunden nicht wesentlich mehr für Nestlé-Produkte aus. Dafür sparen sie in Crash-Phasen auch nicht bei den Lebensmitteln. Auch die Bilanzqualität und die Dividendenpolitik waren in den vergangenen zehn Jahren stets positiv. Angesichts dieser Rahmenbedingungen hätte die Aktien-Bewertung in einem effizienten Markt stets ähnlich sein müssen. Doch die Realität sieht ganz anders aus. In Crash-Phasen ist das Kurs-Gewinn-Verhältnis (KGV) der Nestlé-Aktie auf rund 10 abgerutscht, in Boom-Phasen ist das KGV der Aktie auf fast 30 gestiegen. Sie werden zugeben: Es ist ein riesiger Unterschied, ob ich ein Unternehmen an der Börse mit dem zehnfachen oder mit dem dreißigfachen Jahresgewinn bewerte. Ein KGV von 30 ist für ein relativ wachstumsschwaches Unternehmen wie Nestlé zu viel, ein KGV von 10 für ein so stabiles Geschäftsmodell mit üppigen Cashflows (Mittelzuflüssen) und Dividenden viel zu wenig.

Die Value-Strategie nach Graham besagt, dass Sie als Anleger nicht unter den Kursschwankungen leiden, sondern dass Sie diese Schwankungen gezielt nutzen sollen! Das heißt konkret: Verkaufen Sie weit überbewertete Aktien in Boom-Phasen und streichen Sie auf diese Weise hohe Gewinne ein. Das klingt einfach, ist es aber nicht. Wenn die Aktienkurse Tag für Tag steigen, fällt es oft unglaublich schwer, diesen Aufschwung durch einen Verkauf »abzuwürgen«. Nach dem Verkauf schmerzt jeder weitere Tag mit Kursgewinnen (erst im späteren Crash ist man dann froh, die Gewinne durch den Verkauf mitgenommen zu haben). Umgekehrt ist der Leidensdruck auch riesig, wenn der Aktienkurs einer Depot-Position trotz erstklassiger Qualität des Unternehmens zum Teil über Jahre fällt und fällt (zum Beispiel in den Crash-Phasen 2000 bis 2003 oder 2007 bis 2009 und auch im schwachen Börsenjahr 2018). In solchen Phasen muss ein Value-Anleger das Stehvermögen und die Nerven besitzen, nicht alles zu verkaufen, sondern im Gegenteil die Krise nutzen, um Top-Werte weiter aufzustocken. Auch das erfordert – wie die vorzeitige Gewinnmitnahme in Boom-Phasen – eine mentale Stärke. Daher noch einmal der einfache Tipp von Buffett: »Seien Sie ängstlich, wenn andere gierig sind, und werden Sie gierig, wenn andere ängstlich sind.«

4. Handeln Sie rational, objektiv und leidenschaftslos

Wie wir gerade gezeigt haben, sind die Aktienmärkte nicht effizient – zumindest in vielen Marktphasen nicht. Daher ist es wichtig, dass Sie sich als Value-Anleger nicht von den Gefühlen Gier (im Boom) und Angst (im Crash) anstecken lassen. Das funktioniert am besten, wenn Sie feste Auswahlkriterien beim Kauf und Verkauf von Aktien heranziehen und sie bei der Auswahl beherzigen. Der wahrscheinlich teuerste Spruch für eine Neubewertung an der Börse lautet: »Dieses Mal ist alles anders.«

Mit diesem Spruch soll begründet werden, warum gerade jetzt eine Aktie, eine Branche oder der gesamte Aktienmarkt viel höher oder tiefer bewertet sein sollte als in früheren Zeiten. Es gibt in der Tat Ereignisse, die dazu führen, dass das Bewertungsniveau von Aktien neu berechnet werden muss. Denken Sie zum Beispiel an die politisch erzwungene Energiewende in Deutschland, die das Geschäftsmodell der alten Energieversorger RWE und E.ON auf den Kopf gestellt hat. Oder denken Sie an die Nullzins-Politik der Notenbanken, die dafür sorgt, dass Dividenden als Zinsersatz wertvoller werden und die betreffenden Aktien steigen (= höhere Bewertung von zuverlässigen Dividendenzahlern). Doch diese Ereignisse sind relativ selten und gelten oft nur für eine bestimmte Zeit.

In den Börsen-Medien und Internet-Diskussionsforen lesen Sie dagegen im Wochentakt, warum »dieses Mal alles anders ist« und bestimmte Aktien vor einer positiven oder negativen Neubewertung stehen. In neun von zehn Fällen ist die Neubewertung jedoch nicht gerechtfertigt. Lassen Sie sich also davon nicht anstecken. Bleiben Sie Ihrem einmal ausgewählten Anlagestil treu und setzen Sie Ihre Strategie über Jahre oder Jahrzehnte um.

Schnell-Check: An welchen Kennzahlen Sie attraktive Aktien erkennen

Für die Aktienauswahl brauchen Sie kein Bilanzgenie oder Finanzmathematiker zu sein. Einige wenige, leicht verständliche Kennzahlen in Verbindung mit klaren Kriterien genügen, um attraktive, werthaltige, solide Unternehmen zu identifizieren. Vor allem sollten Sie sich von einer euphorischen oder panischen Stimmung an der Börse nie dazu verleiten lassen, Ihren gesunden Menschenverstand abzuschalten. Der ist nämlich das Wichtigste bei der Entscheidung, in welche Aktien Sie investieren.

Wie erfolgreich ist eine Aktiengesellschaft? Und wie teuer oder billig ist im Vergleich dazu ihre Aktie an der Börse? Für einen ersten Eindruck brauchen Sie keine Unmenge an Zahlen, Daten und Fakten, um das zu beurteilen. Aber einige Kennzahlen aus der Fundamentalanalyse sind ausgesprochen hilfreich. Sie werden schnell sehen: Diese Kennzahlen sind nicht allzu schwierig zu verstehen.

Wo Sie die hier vorgestellten Kennzahlen finden

Auf einschlägigen Börsenportalen wie www.onvista.de, www.finanzen.net oder www.boerse.de werden Sie schnell fündig. Geben Sie den Namen oder die Wertpapierkennnummer/ISIN der Aktiengesellschaft ein, für die Sie sich interessieren. Dann klicken Sie je nach Börsenportal über dem Chart oder den Angaben zum aktuellen Kurs auf »Fundamentalanalyse«, »Kennzahlen« oder einfach nur »Fundamental«. Nicht jedes Börsenportal weist jede Kennzahl aus aber auf einem von dreien werden Sie üblicherweise fündig. Wichtig: Die Datenqualität dieser kostenlosen Anbieter ist nicht durchgehend zufriedenstellend. Als Faustformel gilt: Je kleiner das börsennotierte Unternehmen, desto schlechter die Datenqualität über dieses Unternehmen im Internet. Die beste Datenqualität finden Sie daher auf der Homepage der jeweiligen Unternehmen in den Geschäftsberichten (Umsatz, Gewinn, Cashflow, Dividende, Aktienanzahl etc.). Meist können Sie diese unter dem Stichwort »Investor Relations« abrufen. Dort werden Sie jedoch üblicherweise keine genauen Schätzungen für die Folgejahre finden, sondern nur in der Vergangenheit erreichte Werte.

Das Kurs-Gewinn-Verhältnis (KGV)

Das Kurs-Gewinn-Verhältnis (abgekürzt KGV) ist die wohl am häufigsten herangezogene Bewertungskennzahl für Aktien. Manchmal liest man auch die englische Abkürzung PE oder PER (Price Earnings Ratio). Hier wird einfach der aktuelle Aktienkurs durch den Gewinn pro Aktie geteilt oder alternativ der aktuelle Börsenwert (die Marktkapitalisierung) durch den gesamten Gewinn der Aktiengesellschaft. Das Ergebnis ist eine Zahl, die meist zwischen 5 und 100 liegt. Was heißt das? Das KGV zeigt Ihnen an, mit welchem Vielfachen des Jahresgewinns ein Unternehmen an der Börse bewertet wird. Man könnte auch sagen: Wenn sich am Gewinn in den kommenden Jahren nichts ändert, dann besagt das KGV, wie viele Jahre Sie nach Kauf der Aktie warten müssen, bis allein die laufenden Gewinne Ihr investiertes Geld wieder erwirtschaftet haben. Ein niedriges KGV ist daher häufig ein Kaufargument. Das durchschnittliche KGV bei den 30 DAX-Werten liegt im historischen Rückblick bei rund 14. Bei Langfrist-Investments in werthaltige Aktien, wie wir es in diesem Buch empfehlen, ist auch ein KGV von 15 bis 20 vertretbar.

Falls Sie eine Aktie mit einem niedrigen KGV entdecken, prüfen Sie, ob das betreffende Unternehmen (weiterhin) gute Wachstums- und Gewinnaussichten hat und ob nicht irgendwelche milliardenschweren Risiken bestehen (so wie zum Beispiel das Klagerisiko im Abgasskandal bei VW oder das Klagerisiko von Krebspatienten bei Bayer nach der umstrittenen Übernahme des US-Unternehmens Monsanto). Wenn die Aussichten Ihrer Meinung nach gut sind und kein hohes Risiko die künftige Bilanz des Unternehmens verhageln könnte, dann kommt die betreffende Aktie zumindest infrage. Verlassen Sie sich aber nie allein auf das KGV, sondern ziehen Sie stets auch andere Kriterien für Ihre Kaufentscheidung heran.

Das Kurs-Cashflow-Verhältnis (KCV)

Mit dem Gewinn einer Aktiengesellschaft ist das so eine Sache: Nicht alles, was in einem Jahr erwirtschaftet wird, stammt aus dem operativen Geschäft. Manchmal steigt der Gewinn rasant an, wenn etwa eine AG einen Unternehmenszweig oder eine Tochtergesellschaft veräußert hat. Das mag ihr dann zwar einen Batzen Geld eingebracht haben. Aber dieser einmalige Geldregen wird sich im nächsten oder übernächsten Jahr wohl kaum wiederholen. Wenn Sie in einem solchen Fall das KGV betrachten, dann wird es niedriger und damit attraktiver ausfallen, als es sollte. Es zeichnet aber ein falsches Bild von der Wirklichkeit. Deshalb lohnt sich häufig die Betrachtung des Kurs-Cashflow-Verhältnisses (KCV). Sie sehen schon: Der einzige Unterschied zum KGV besteht darin, dass das »G« in der Mitte durch ein »C« ersetzt wird. Beim KCV wird nicht der Gewinn betrachtet, sondern der operative Cashflow. Das sind die Geldmittel, die durch den laufenden Betrieb und damit das Kerngeschäft des Unternehmens erwirtschaftet werden. Einmalige Sondereffekte bleiben unberücksichtigt. Man könnte deshalb sagen: Das KCV ist das bessere KGV, und auch hier gilt: Je niedriger, desto besser, vorausgesetzt, die Zukunftsaussichten des Unternehmens sind gut und die Risiken überschaubar.

Price-Earnings-to-Growth-Ratio (PEG)

KGV und KCV haben eine Schwäche: Bei Unternehmen mit starkem Gewinnwachstum fallen sie oft vergleichsweise hoch aus. Dabei ist eben dieses Gewinnwachstum häufig ein schlagkräftiges Kaufargument. Und auch für dieses Kaufargument gibt es eine Kennzahl namens Price-Earnings-to-Growth-Ratio (PEG). Das PEG teilt das Kurs-Gewinn-Verhältnis (KGV) in Relation zum erwarteten Gewinnwachstum in Prozent. Sind KGV und Gewinnwachstum identisch, liegt das PEG bei 1. Als günstig gilt eine Aktie, wenn der Wert bei 1 oder tiefer liegt (Gewinnwachstum ist größer als KGV).

Beispiel: Wächst der Gewinn je Aktie um 10 Prozent pro Jahr, sollte das KGV auch nicht über 10 liegen. In diesem Fall liegt das PEG bei 1 oder darunter. Kann das Unternehmen den Gewinn dagegen um 30 Prozent steigern, wäre auch ein vergleichsweise hohes KGV von bis zu 30 vertretbar. Abermals wäre ein Aktienkauf attraktiv, wenn das PEG einen Wert von maximal 1 hätte.

Eine mögliche Schwachstelle ist allerdings der Betrachtungszeitraum: Die betreffenden Prognosen sind schnell hinfällig, gerade angesichts einer oft unberechenbaren Konjunkturentwicklung (Platzen der Dotcom-Blase, Finanzkrise). Es ist häufig nicht möglich, zuverlässige Schätzungen für die nächsten zwei oder drei Jahre abzugeben. Doch gibt es eine Handvoll Unternehmen, die relativ berechenbare Geschäftszahlen abliefern. Das PEG ist daher eine sinnvolle Ergänzung zum traditionellen KGV und zeigt etwa an, dass eine Aktie mit einem KGV von 30 nicht zu teuer sein muss, wenn die Gewinne stark wachsen. Umgekehrt kann ein KGV von 10 teuer sein, wenn die Gewinne stagnieren. Allein aufgrund eines niedrigen PEG sollten Sie sich aber niemals für eine Aktiengesellschaft entscheiden. Diese Kennzahl sollten Sie stets in Verbindung mit den anderen Kennzahlen betrachten und außerdem recherchieren, ob die Faktenlage wirklich für die prognostizierten Wachstumsraten spricht.

Dividendenrendite und Ausschüttungsquote

»Die Dividende ist der neue Zins«, so ist es in der aktuellen Null- beziehungsweise Niedrigzinsphase häufig zu hören. Sprich: Wenn Bankkonten und Anleihen schon keine Zinsen abwerfen, dann sollten dies wenigstens die Aktiengesellschaften mit ihren laufenden Ausschüttungen (Dividenden) tun. Tatsächlich spricht viel dafür, die Dividende als eine Art Zins zu betrachten, auch wenn sie im Unterschied zu klassischen Zinsanlagen Jahr für Jahr in ihrer Höhe schwankt. Die Dividendenrendite ist sozusagen der Zins, den Ihr Aktien-Investment abwirft. Dafür wird einfach die Dividende einer Aktie durch ihren aktuellen Kurs geteilt (beziehungsweise durch den Kaufkurs, wenn Sie die betreffende Aktie bereits erworben haben). Das Ganze nehmen Sie dann mit 100 Prozent mal.

Beispiel: Eine Aktie hat einen Kurs von 100 Euro, und die letzte Dividendenausschüttung belief sich auf 3 Euro pro Aktie. Dann beläuft sich die Dividendenrendite auf 3 Prozent ein überdurchschnittlich guter Wert. Im langjährigen Mittel kommen die DAX-Aktien beispielsweise auf 2,5 Prozent. Das klingt nach verhältnismäßig wenig. Aber bedenken Sie: Es wäre gar nicht gut, wenn ein Unternehmen laufend seine gesamten Gewinne an die Aktionäre ausschütten würde. Denn dann bliebe kein Geld dafür übrig, notwendige Investitionen in neue Maschinen, in die Produktentwicklung, in Patente, in den Fuhrpark oder sonstige Dinge zu tätigen. Ein Unternehmen, das nicht laufend einen Teil der Gewinne reinvestiert, ist irgendwann weg vom Fenster.

Aus diesem Grund sollten Sie sich gerade bei hohen Dividenden die Frage stellen, welchen Anteil vom Gewinn diese ausmachen. Die Antwort gibt Ihnen die sogenannte Ausschüttungsquote. Idealerweise liegt diese bei maximal 50 bis 60 Prozent. Eine Ausschüttungsquote über 75 Prozent spricht gegen den Kauf der betreffenden Aktie. Sehr wahrscheinlich handelt es sich dabei um ein Unternehmen, das langfristig seine Substanz aufzehrt, um nur ja seine Aktionäre wenigstens halbwegs zufriedenzustellen. Ausnahme: Das Geschäftsmodell erfordert keine größeren Investitionen. In diesem Fall kann ein großer Anteil des Gewinns ausgeschüttet werden. In der Praxis kommt das aber eher selten vor.

Noch aus einem zweiten Grund sollten Sie Ihre Aktien niemals allein aufgrund der Dividendenrendite aussuchen: Diese Kennzahl ist nicht nur dann hoch, wenn die Dividende hoch ist, sondern auch dann, wenn der Kurs niedrig ist denn dieser steht bei der Berechnung im Nenner. Auf diese Weise besteht die Gefahr, sich kurslahme Aktien ins Depot zu holen, wenn man nur auf die Dividendenrendite schaut. Deshalb sollten Sie unbedingt zusätzlich KGV und vor allem auch die »weichen« Kriterien betrachten, die wir Ihnen im nächsten Abschnitt vorstellen.

Ein Hinweis zur Berechnung der Dividendenrendite

Wenn Sie eine Aktie schon gekauft haben, dann errechnen Sie die Dividendenrendite am besten anhand Ihres Kaufkurses statt des aktuellen Aktienkurses. Sie nehmen die Dividende, teilen diese durch Ihren Kaufkurs und multiplizieren das Ergebnis mit 100 Prozent. Bei soliden Werten werden Sie schnell feststellen: Ihre persönliche Dividendenrendite wird im Laufe der Zeit immer höher. Selbst zweistellige Dividendenrenditen sind nach einigen Jahren bei soliden Value-Aktien möglich – eine höchst attraktive »Verzinsung« Ihres Investments!

Weitere Value-Auswahlkriterien, die enorm hilfreich sind

Der Blick auf die Zahlen allein kann trügen. Denn bei der Aktienauswahl kommt es auch darauf an, die Zukunftschancen eines Unternehmens zutreffend zu beurteilen. Hier ist Ihr gesunder Menschenverstand gefragt und eine Reihe weiterer Kriterien, die Ihnen bei der Aktienauswahl helfen.

Das wichtigste Auswahlkriterium: Der Burggraben

Am Anfang dieses Kapitels haben wir die Erfolgsbilanz von Warren Buffett mit seiner Beteiligungsgesellschaft Berkshire Hathaway gezeigt. Entscheidend für den Erfolg sind nicht einzelne Top-Jahre, sondern viele relativ gute Jahre und nur sehr wenige Verlustjahre. Unternehmen aus dem Berkshire-Portfolio geraten auch in Konjunkturstürmen erfahrungsgemäß nur selten in schwere Seenot (ganz anders sieht es in unstrukturierten Aktiendepots aus). Das ist auch kein Zufall. Buffett und auch Munger suchen für das Berkshire-Portfolio ganz gezielt Unternehmen aus, die eine Art Burggraben besitzen. Das Unternehmen ist stark wie eine mächtige Burg und besitzt zum Schutz einen nahezu unüberwindbaren Burggraben. Die Konkurrenz, die die Burg erobern will, scheitert bereits an diesem Graben. Dazu Warren Buffett: »Entscheidend ist bei der Geldanlage, dass man den Wettbewerbsvorteil des betreffenden Unternehmens und vor allen Dingen die Dauerhaftigkeit des Vorteils ermittelt. Produkte oder Dienstleistungen, die von breiten, haltbaren Wassergräben umgeben sind, bescheren Anlegern Belohnungen. Das Wichtigste ist für mich, dass ich herausfinde, wie breit der Wassergraben um das Unternehmen ist. Am liebsten sind mir natürlich eine große Burg und ein breiter Graben mit Piranhas und Krokodilen.«

Wie kann ein solcher Graben aussehen? Es gibt – je nach Geschäftsmodell – ganz unterschiedliche Varianten. Einige Beispiele:

> **Die Macht der Marke:** Wenn man an Erfrischungsgetränke denkt, denkt man fast automatisch an Coca-Cola. Auf der Berkshire-Hauptversammlung 2012 sagte Buffett über seine Depot-Position Coca-Cola: »Sie können mir 10, 20 oder 30 Milliarden Dollar geben, um Coca-Cola vom Sockel zu stoßen, und ich würde es nicht schaffen.« Eine starke Marke ist, isoliert betrachtet, jedoch noch kein Value-Kriterium. Ein Burggraben wird daraus erst dann, wenn die Marke einen messbaren Wert bringt. Der Analyst Michael Mauboussin hat das wie folgt formuliert: »Marken an und für sich bedeuten noch keine Vorteile. Marken bringen nur dann einen höheren Wert, wenn sie die Zahlungsbereitschaft der Kunden erhöhen oder die Kosten für das Anbieten von Produkten und Dienstleistungen verringern.«

> **Patente als Burggraben:** Besitzt ein Unternehmen wichtige Patente, die nicht umgangen werden können, ist auch das ein wirksamer Burggraben. Das gilt besonders in innovativen Branchen wie Pharma oder Technologie.

- **Der Größenvorteil:** Auch Größe kann – auf ganz unterschiedliche Art und Weise ein mächtiger Burggraben sein. Große Stückzahlen können oft deutlich günstiger produziert werden als kleine Stückzahlen. In der Werbung kann ein Großkonzern günstige Werbezeiten einkaufen. Und viele Kunden setzen auf Unternehmen, die ihre Dienstleistungen weltweit überall anbieten.

Im Idealfall erfüllt ein Value-Unternehmen gleich mehrere Burggrabenkriterien.

Dividende und Dividendenhistorie

Auf das Thema Dividende sind wir hier im Buch als Kennzahl bereits ausführlich eingegangen. Berücksichtigen Sie aber auch die Dividendenhistorie! Beim Thema »Gewinnen mit Aktien« denken die meisten Börsen-Einsteiger an Kursgewinne. Das Motto lautet: »Ich kaufe eine Aktie für 10 Euro und verkaufe sie später für 20 Euro. Die Differenz ist mein Gewinn.« Diese Kursgewinne sind in der Tat eine wichtige Säule der Aktienanlage. Es gibt aber noch eine zweite wichtige Säule: die Dividende. Was eine Dividende ist und wie die Dividendenrendite berechnet wird, wissen Sie bereits. Jetzt wollen wir Ihnen auch noch zeigen, welche (Rendite-)Macht die Dividende besitzt.

Nehmen wir exemplarisch das in diesem Buch bereits erwähnte Unternehmen Nestlé unter die Dividenden-Lupe. Die Schweizer sind der weltweit größte Nahrungsmittelkonzern und damit alles andere als ein Geheimtipp. Wenn Sie das Glück hatten, dass Ihre Eltern oder Großeltern bereits Aktien gekauft und Ihnen ein paar Nestlé-Aktien vererbt haben, können Sie sich über ein schönes Zusatzeinkommen freuen. Im Jahr 1959 kostete eine Nestlé-Aktie 1,36 Schweizer Franken. Im April 2019 hat Nestle für das Geschäftsjahr 2018 eine Dividende von 2,45 Franken je Aktie ausgeschüttet. Wer also im Jahr 1959 für 10.000 Franken Nestle-Aktien gekauft hat, bekam in diesem Jahr eine Ausschüttung von rund 18.000 Franken. Die Dividendensumme eines einzigen Jahres übertrifft heute deutlich das ursprüngliche Investitionsvolumen – und die Ausschüttung steigt von Jahr zu Jahr. In den vergangenen 20 Jahren hat Nestlé in jedem einzelnen Jahr die Dividende erhöht.

Das Beispiel mit dem Einstiegszeitpunkt 1959 ist ein Extremfall, aber auf Sicht von zehn Jahren sind bei starken Dividendenwerten hohe einstellige oder gar zweistellige Renditen möglich. Wer vor zehn Jahren beispielsweise Aktien von Nestlé gekauft hat, kam 2019 auf eine Dividendenrendite von 6,36 Prozent. Bei Coca-Cola waren es 8,18 Prozent. Eine vergleichbare Steigerung der Dividendenrenditen dürfen Sie auch bei den fünf Aktien erwarten, die wir Ihnen im nächsten Abschnitt vorstellen.

Das Dividenden-Geheimnis ist relativ einfach: Erfolgreiche Unternehmen steigern regelmäßig ihre Dividendenausschüttung. Da der von Ihnen einmal bezahlte Kaufkurs (Einstiegskurs) immer gleichbleibt, die Dividende aber regelmäßig steigt, wird auch Ihre persönliche Dividendenrendite immer größer. Liegt die Dividendenrendite beim Kauf vielleicht noch bei »nur« 2 bis 3 Prozent, werden daraus im Laufe der Jahre 5, 7 und auch über 10 Prozent Rendite pro Jahr. Wenn Sie dividendenstarke Aktien über Jahrzehnte einfach laufen lassen, können die Ausschüttungen später die Basis für Ihre persönliche Zusatzrente sein.

Wichtig dabei: Die erhaltenen Dividenden sollten nicht »tot« auf Ihrem Verrechnungskonto liegen, sondern regelmäßig reinvestiert werden. Diese einzeln oft kleinen Ausschüttungen eignen sich zum Beispiel wunderbar, um einen Sparplan zu »füttern«.

Checkliste: 12 Auswahlkriterien im Sinne von Warren Buffett

Zum Abschluss des Kapitels wollen wir Ihnen eine kurze Checkliste präsentieren. Wenn Sie diese zwölf Fragen vor dem nächsten Aktienkauf beantworten, sollte die Treffer-Wahrscheinlichkeit bei Ihrer Aktienauswahl deutlich steigen (bereits dann hat sich die Lektüre dieses Buches für Sie gelohnt). Wichtig ist: Kaufen Sie nicht überhastet, sondern analysieren Sie die Unternehmen intensiv, deren Aktien Sie kaufen möchten. Stellen Sie sich dabei vor allem folgende Fragen:

1. Sind die Fundamentaldaten des Unternehmens (wie z. B. KGV, KCV sowie Dividendenrendite) attraktiv, dessen Aktien Sie kaufen möchten?

2. Ist die Unternehmenshistorie der vergangenen zehn Jahre solide verlaufen oder gab es Gewinneinbrüche, Skandale etc.?

3. Lesen und vergleichen Sie die Geschäftsberichte der vergangenen fünf Jahre: Wurden die darin gemachten Versprechungen vom Vorstand auch eingehalten?

4. Ist der Aktienkurs so günstig, dass er einen Abschlag (= Sicherheitsmarge) von 25 Prozent auf den inneren Wert bietet?

5. Haben Sie sich mit der Branche vertraut gemacht, in die Sie investieren wollen? Verstehen Sie die Produkte beziehungsweise Dienstleistungen?

6. Haben Sie einen positiven Eindruck vom Vorstand gewonnen, z. B. aus der Lektüre der Geschäftsberichte, der Berichterstattung oder der Lebensläufe?

7. Wie werden die langfristigen Perspektiven des Unternehmens beziehungsweise der Branche in der Wirtschaftspresse eingeschätzt?

8. Befasst sich das Unternehmen mit Produkten beziehungsweise Dienstleistungen im – für Investoren riskanten – Hightechbereich?

9. Sind Sie sicher, dass das Unternehmen auch in 20 Jahren noch am Markt sein wird?

10. Verfügt das Unternehmen über einen für die Konkurrenz unüberwindbaren Burggraben wie z. B. bekannte Marken, Größenvorteile, Patente, Marktführerschaft?

11. Handelt es sich bei dem jüngst analysierten Wert bereits um das zwanzigste Unternehmen, in das Sie investieren? Ist alternativ dazu nicht die Aufstockung einer älteren Position aus Ihrer Top-Ten-Liste sinnvoller?

12. Wie ist die Stimmung an der Börse? Wollen Sie in Boomphasen mit hohen Kursen investieren oder wollen Sie doch lieber sinkende Kurse abwarten, um dann Ihr Kapital in wenige ausgesuchte Aktien zu stecken?

Haben Sie diese Checkliste vor dem Aktienkauf erfolgreich abgearbeitet, besitzen die so ausgewählten Aktien eine Art Schutzmechanismus, der günstiger und effektiver ist der Einsatz zusätzlicher Put-Instrumente in Ihrem Depot.

Fazit: Auf die Einstellung kommt es an

Nicht der Wert einer Aktie schwankt so stark, sondern nur der tagesaktuelle Preis. Wenn Sie das berücksichtigen, können Sie besser mit Crash-Phasen und Kursrückgängen umgehen. Nutzen Sie zudem solche Crashs und Kursrückgänge gezielt, um sich günstig mit Qualitäts-Aktien einzudecken. Automatisch haben Sie dann einen Sicherheitspuffer für die Zukunft. Mit dieser Einstellung sind Aktien in Ihrem Wertpapier langfristig betrachtet keine Depot-Positionen, die abgesichert werden müssen, sondern bringen Substanz, laufende Erträge (Dividenden), Inflationsschutz (Aktien als Sachwert) und eine attraktive Rendite in Ihr Depot. Dass es bestimmte, zeitlich eng begrenzte Anlässe gibt, in denen es sich lohnt, kurzfristige Absicherungsinstrumente zu nutzen, wissen Sie ja jetzt aus dem ersten Teil dieses Buches.

simplified

Glossar

Absolute-Return-Fonds
Investmentfonds, dessen Erfolg sich nicht an einem Vergleichsindex misst, sondern stattdessen versucht, unter dem Strich auch in → Bärenmärkten ein positives Ergebnis zu erzielen. Dafür gibt das Fondsmanagement allerdings keine Garantie.

Aktie
Eine Aktie ist ein Wertpapier, das einen Anteil an einer Aktiengesellschaft (AG) verbrieft. Der Inhaber einer Aktie (Aktionär) ist Gesellschafter der Aktiengesellschaft. Durch den Verkauf von Aktien an Aktionäre beschaffen sich Aktiengesellschaften Eigenkapital.

Anleihen
Bei Anleihen handelt es sich um (meist festverzinsliche) Wertpapiere mit einer festgelegten Laufzeit, die entweder von Staaten oder von Unternehmen herausgegeben werden. Die Emission von Anleihen dient der Fremdkapitalbeschaffung. Zum Laufzeitende wird der Nominalwert der Anleihe zurückgezahlt. Die in der Anleihe festgeschriebenen Zinszahlungen erfolgen in der Regel jährlich. Andere Bezeichnungen für Anleihen sind die Begriffe »Renten« oder »Bonds«.

Asset
Als Asset bezeichnet man einen Vermögenswert. Üblicherweise teilt ein Investor sein Vermögen auf verschiedene Assets auf, so auf → Aktien, auf → Anleihen, auf Immobilien, auf Edelmetalle etc.

Bärenmarkt
Phasen mit dauerhaft sinkenden Börsenkursen werden Bärenmarkt oder auch Baisse genannt.

Blue Chips
Umsatzstarke Aktien großer Aktiengesellschaften werden auch als Blue Chips bezeichnet. In Deutschland fallen darunter die im Deutschen Aktienindex (DAX) vertretenen 30 Aktiengesellschaften wie z. B. Daimler, Siemens, BASF.

Broker
Ein Broker ist ein Börsenmakler, der die Aktien seiner Kunden kauft und verkauft. Die gleiche Bezeichnung tragen aber auch Depot-Banken, die für ihre Kunden Wertpapiere verwalten und entsprechende Orders ausführen. Das gilt insbesondere für die Direktbanken, die die Aufträge ihrer Kunden per Telefon, Fax oder im Internet entgegennehmen und abwickeln.

Buchwert
Der Buchwert ergibt sich aus der Bilanz eines Unternehmens und ist der Wert des auf die Unternehmensinhaber entfallenden Eigenkapitals. Rechnerisch ergibt sich der Buchwert aus der Differenz der gesamten Vermögenswerte eines Unternehmens (Aktiva) und der Verbindlichkeiten.

Bullenmarkt
Phasen mit dauerhaft steigenden Börsenkursen werden als Bullenmarkt oder auch als Hausse bezeichnet.

Call
→ Option, → Optionsschein oder → Hebel-Zertifikat, mit dem ein Anleger auf steigende Kurse spekulieren und diese Kursentwicklung hebeln kann.

Cashflow

Der Cashflow (deutsch: Geldzufluss) ist ein Maßstab für die Liquidität eines Unternehmens. Der Cashflow ergibt sich aus der Differenz der Einzahlungen und der Auszahlungen eines Unternehmens.

Chartanalyse

Die Chartanalyse (deutsch: Analyse des Kursverlaufs) – auch Technische Analyse genannt – bewertet die Entwicklung von Aktien mithilfe ihres bisherigen Kursverlaufs. Auf Basis des historischen Kursverlaufs werden Rückschlüsse auf die zukünftige Entwicklung des Aktienkurses getroffen.

Cost Average Effect

Durchschnittskosteneffekt, der sich bei Sparplänen aus der Tatsache ergibt, dass in immer gleichen Raten investiert wird. Ist der Kurs des gekauften Wertpapiers gerade hoch, reicht die Rate für weniger Stück als bei niedrigen Kursen. Dadurch ergibt sich im Mittel über eine längere Zeitspanne ein günstiger Einstiegskurs.

DAX (Deutscher Aktienindex)

Der DAX setzt sich aus den 30 umsatzstärksten deutschen Aktien zusammen. Er wird als Leitindex für die Entwicklung des deutschen Aktienmarktes genutzt. Der DAX ist ein Performance-Index, d. h. bei der Berechnung des DAX werden Dividenden einbezogen. Die Zusammensetzung des DAX 30 wird jährlich im September überprüft und gegebenenfalls korrigiert.

Diversifizierung

Um das Risiko eines Kapitalverlusts zu begrenzen, wird empfohlen, als Anleger das vorhandene Kapital auf verschiedene Aktien, Anlageformen (→ Aktien, → Anleihen, → Fonds) sowie Regionen zu verteilen und darauf zu achten, dass diese Anlageformen nicht alle gleich auf verschiedene Börsenszenarien reagieren. Dieser Vorgang nennt sich Diversifizierung oder auch Streuung.

Dividende

Dividenden sind Gewinnbeteiligungen, die auf der Hauptversammlung (HV) einer Aktiengesellschaft beschlossen und bei deutschen Aktiengesellschaften in der Regel am dritten Werktag nach der HV an die Aktionäre ausgezahlt werden. In Deutschland wird die Dividende üblicherweise einmal pro Jahr ausgeschüttet. In den USA erfolgt die Dividendenausschüttung üblicherweise viermal im Jahr, maßgeblich sind dabei bestimmte Stichtage (record dates), zu denen ein Aktionär die jeweilige Aktie im Depot gehalten haben muss.

Dividendenrendite

Die Dividendenrendite ist eine Finanzkennziffer, die den Dividendenbetrag einer Aktiengesellschaft in Relation zum Kurswert setzt. Die aktuelle Dividendenrendite der DAX-Werte liegt zwischen 0 und 5 Prozent.

Dow Jones (Industrial Average)

Der Dow Jones Industrial Average, kurz Dow Jones genannt, ist ein US-amerikanischer Aktienindex. Er ist einer der ältesten Aktienindizes der Welt und wurde 1884 von Charles Dow zusammengestellt. Er umfasst 30 der größten US-Aktienunternehmen. Der Dow Jones ist ein Kursindex. Das bedeutet, dass Dividenden nicht mit in den Indexstand einberechnet werden.

Effizienzmarkt-Hypothese

Laut Effizienzmarkt-Hypothese (engl. efficient market hypothesis – kurz: EMH) sind Finanzmärkte vollkommene (effiziente) Märkte. Sämtliche Marktinformationen stehen allen Teilnehmer innerhalb kürzester Zeit zur Verfügung. Das führt dazu, dass sich die Preise (Aktienkurse) auf den Finanzmärkten immer im Gleichgewicht befinden. Das hat laut Vertretern dieser Hypothese zur Folge, dass an den Finanzmärkten langfristig keine überdurchschnittlichen Gewinne zu erzielen sind. Die unter anderem vom US-amerikanischen Nobelpreisträger Eugene Fama aufgestellte Effizienzmarkt-Hypothese ist in der Praxis von Value-Investoren (→ Value-Investing), wie z. B. Warren Buffett und Benjamin Graham, widerlegt worden.

Einlagensicherung

System, mit dem die Guthaben von Bankkunden abgesichert werden, die etwa auf Giro-, Tagesgeld-, Festgeld-, Spar- und Verrechnungskonten liegen. Innerhalb der EU ist eine Einlagensicherung bis zu 100.000 Euro pro Bankkunde vorgeschrieben.

Emittent

Als Emittent wird der Herausgeber von Wertpapieren (z. B. Unternehmen, Banken, Versicherungen, Staaten) bezeichnet.

Emittentenrisiko

Das Emittentenrisiko bezeichnet die Gefahr, dass bestimmte Wertpapiere wie → Anleihen, → Zertifikate oder auch → Optionsscheine von der Zahlungsfähigkeit ihres Herausgebers (- > Emittenten) abhängen. Geht dieser pleite, dann ist der Einsatz verloren, weshalb Anleger stets auf die Finanzkraft des Emittenten achten sollten.

ETFs

ETFs (Exchange Traded Funds) sind Indexfonds, die passiv gemanagt sind und einen Index (z. B. DAX, Dow Jones, Euro Stoxx 50) eins zu eins nachbilden. Wie aktiv gemanagte Fonds bilden ETFs Sondervermögen. Zur Gruppe der ETFs gehören auch → Short-ETFs, deren Kurs in umgekehrtem Verhältnis zur Indexentwicklung steigt beziehungsweise sinkt.

Festgeldkonto

Bankkonto zur Geldanlage, das an eine bestimmte Laufzeit gebunden ist. Festgeldkonten bieten meist geringfügig bessere Zinsen als Tagesgeldkonten als Ausgleich für die während der Laufzeit fehlende Verfügbarkeit des Geldes.

Finanzkennziffern
Betriebswirtschaftliche Kennzahlen, die zur Bewertung des wirtschaftlichen Erfolgs eines Unternehmens herangezogen werden, wie z. B. → Dividendenrendite, Eigenkapitalrendite, → Kurs-Gewinn-Verhältnis, Kurs-Buchwert-Verhältnis, → Kurs-Cashflow-Verhältnis.

Fonds
Ein Fonds beziehungsweise Investmentfonds ist ein von Fondsmanagern verwaltetes Sondervermögen, das in diversen Wertpapieren und sonstigen Vermögensklassen investiert ist. Anteile von Fonds werden am Kapitalmarkt gehandelt und können von Anlegern erworben werden. Sie sind ein gutes Mittel zur Risikostreuung. Neben Aktienfonds gibt es auch Immobilienfonds, Rentenfonds und Mischfonds.

Fundamentalanalyse
Im Rahmen der Fundamentalanalyse werden Aktien beziehungsweise Unternehmen auf Basis ihrer betriebswirtschaftlichen Fundamentaldaten – wie z. B. Bilanzzahlen, → Kurs-Gewinn-Verhältnis, → Dividendenrendite – bewertet. Hierzu werden die gängigen → Finanzkennziffern berechnet und interpretiert. Eine Variante der Fundamentalanalyse ist das → Value-Investing.

Garantiefonds
Garantiefonds sind Investmentfonds und damit Sondervermögen. Den Anteilseignern wird zum Laufzeitende (oder bei Fonds ohne Laufzeitbegrenzung zum Ende bestimmter Sicherungsabschnitte) der vollständige Erhalt des eingesetzten Kapitals garantiert, was allerdings auf Kosten der Rendite geht.

Garantie-Zertifikat
Anderes Wort für Kapitalschutz-Zertifikat. Von einem → Emittenten herausgegebenes → Zertifikat, bei dem das eingesetzte Kapital – je nach Konstruktion – zu 90, 95 oder 100 % erhalten bleibt, das aber gleichzeitig eine Teilhabe an den Renditechancen der Börse verspricht.

Garantie-Zertifikate erwirtschaften gleichwohl meist nur geringe Renditen. Die Garantie bezieht sich außerdem stets auf das Laufzeitende. Zwischenzeitliche Verluste sind also nicht ausgeschlossen.

Hebel-Zertifikate
Wertpapiere, die von einem → Emittenten herausgegeben werden und die Kursentwicklung des zugrundeliegenden Basiswerts vervielfachen (Call) oder umgekehrt vervielfachen (Put). Hebel-Zertifikate sind zudem mit einer sogenannten Knock-out-Schwelle versehen, bei deren Berühren oder Unterschreiten die betreffenden Papiere vorzeitig fällig werden. In der Regel ist ein Knock-out-Ereignis mit einem Totalverlust des eingesetzten Geldes verbunden. Sie werden auch als Knock-out-Zertifikate bezeichnet. Die Put-Variante der Hebel-Zertifikate, auch als Short-Zertifikate bezeichnet, wird mitunter zur Absicherung gegen fallende Kurse eingesetzt.

Innerer Wert
Der innere Wert eines Unternehmens ist ein Begriff aus dem → Value Investing. Er stellt den auf Basis einer Bilanzanalyse beziehungsweise von → Finanzkennziffern errechneten, angemessenen Wert eines Unternehmens dar. Ist dieser Wert – unter Berücksichtigung einer Sicherheitsmarge – höher als der aktuelle Kurswert des Unternehmens, lohnt sich der Aktienkauf.

Kurs-Gewinn-Verhältnis (KGV)
Das Kurs-Gewinn-Verhältnis (KGV) ist eine → Finanzkennziffer. Zur Berechnung wird der Aktienkurs durch den Jahresgewinn pro Aktie geteilt. Diese Kennzahl zeigt an, bei welchem Vielfachen des aktuellen Gewinns der Aktienkurs eines Unternehmens liegt. Das KGV ist eine der meistgebrauchten Kennziffern zur Aktienbewertung. Bei Verlusten ist das KGV jedoch nicht aussagefähig. In solchen wird das → Kurs-Cashflow-Verhältnis als Maßstab genommen. DAX-Werte haben historisch betrachtet ein durchschnittliches KGV von etwa 15. Aktien mit deutlich niedrigerem KGV gelten als günstig.

Kurs-Cashflow-Verhältnis (KCV)

Das Kurs-Cashflow-Verhältnis KCV ist eine liquiditätsorientierte Finanzkennziffer. Zur Berechnung wird der Aktienkurs durch den Cashflow pro Aktie geteilt. Diese Kennzahl wird insbesondere bei Verlusten statt des → Kurs-Gewinn-Verhältnisses angewandt, da das KGV bei Verlusten nicht aussagekräftig ist. Darüber hinaus ist das KCV weniger anfällig, was Maßnahmen der Unternehmensführung zum Schönen ihrer Bilanzen angeht. Je niedriger das KCV, desto preiswerter sind Aktien.

Leerverkäufe

Werden Aktien (und andere Wertpapiere, Waren oder Devisen) verkauft, ohne dass sie sich zum Zeitpunkt des Verkaufs im Eigentum des jeweiligen Marktteilnehmers befinden, spricht man von einem Leerverkauf (Short Sell). Leerverkäufe werden in der Regel getätigt, weil der Verkäufer darauf spekuliert, dass er die Papiere zu einem späteren Zeitpunkt günstiger kaufen kann.

Leverage

Englisches Wort für Hebel und Namenszusatz bei gehebelten Investments, zu denen etwa → Optionsscheine, → Optionen und → Hebel-Zertifikate gehören. Hier wird die Kursentwicklung des zugrundeliegenden Basiswerts (etwa einer Aktie oder eines Index) vervielfacht oder umgekehrt und zugleich vervielfacht, was erhebliche Gewinnchancen, aber auch erhebliche Verlustrisiken mit sich bringt.

Optionen

Bei Optionen handelt es sich um bedingte Terminkontrakte. Dabei werden an speziellen Terminbörsen (z. B. Eurex) vertraglich vereinbarte Rechte auf Aktien, Indizes oder andere Vermögenswerte gehandelt. Optionen sind auf eine festgelegte Laufzeit begrenzt. Unterschieden wird zwischen Kauf-Optionen (→ Calls) und Verkaufs-Optionen (→ Puts). Kauf-Optionen (Calls) sichern das Recht, eine festgelegte Anzahl des Basiswerts während der Options-Laufzeit zu einem vorher festgelegten Preis (Basispreis) zu kaufen. Verkaufs-Optionen (Puts) sichern das Recht, eine festgelegte Anzahl des Basiswerts während der Options-Laufzeit zu einem vorher festgelegten Preis (Basispreis) zu verkaufen. Sie sind daher wahlweise nutzbar zur Absicherung bestehender Depot-Positionen oder zur Spekulation auf fallende Kurse.

Optionsscheine

Optionsscheine sind im Unterschied zu → Optionen Wertpapiere und keine Terminkontrakte. Gehandelt werden sie entsprechend an den Wertpapierbörsen, und es gibt für jeden Optionsschein einen → Emittenten. Die Funktionsweise ist aber ähnlich wie bei Optionen: Sie berechtigen zum Kauf (Call) oder Verkauf (Put) eines festgelegten Basiswerts (z. B. einer Aktie oder eines Index) innerhalb oder am Ende der Laufzeit, wobei der Kauf- beziehungsweise Verkaufspreis von vornherein festgelegt ist. Optionsscheine sind Wertpapiere mit Hebel. Put-Optionen gewinnen an Wert, wenn der Basiswert Kursverluste erleidet. Sie werden daher zur Depot-Absicherung eingesetzt.

Portfolio

Das Portfolio (seltener auch: Portefeuille) ist der Gesamtbestand der Wertpapiere beziehungsweise Fonds, die ein Anleger in seinem Vermögensbestand hält.

Put

→ Option, → Optionsschein oder → Hebel-Zertifikat, mit dem ein Anleger auf fallende Kurse spekulieren und diese Kursentwicklung umgekehrt hebeln kann. Puts können auch als eine Art Versicherung bestehender Depotpositionen gegen fallende Kurse einsetzt werden.

Rendite

Die Rendite einer Kapitalanlage ist die prozentuale Verzinsung des eingesetzten Geldes, die ein Investor mit einem Investment erzielt.

Short-ETFs
Kategorie von → ETFs, die die Kursbewegung des zugrundeliegenden Index gegenläufig reproduziert. Short-ETFs sinken also im Kurs, wenn der Index steigt, und umgekehrt. Short-ETFs können zur Absicherung vorhandener Wertpapierpositionen verwendet werden.

Sicherheitsmarge
Die Sicherheitsmarge bezeichnet einen Aufschlag, der das Risiko beim Aktienkauf ausgleichen soll. Value-Investoren (→ Value-Investing) errechnen zur Festlegung der Sicherheitsmarge den → inneren Wert eines Unternehmens beziehungsweise einer Aktie. Aktien werden gekauft, wenn der Kurs der jeweiligen Aktien um die Sicherheitsmarge (z. B. um 25 Prozent) niedriger liegt als der berechnete innere Wert.

Sparpläne
Investment in → Aktien, → Fonds oder → ETFs, das in regelmäßigen Abständen (monatlich, viertel- oder halbjährlich) zu jeweils immer gleichen Sparraten erfolgt. Mit Sparplänen lassen sich durch den → Cost Average Effect (Durchschnittskosteneffekt) im Durchschnitt günstige Einstiegskurse erzielen.

Spread
Der Spread ist die Differenz zwischen Geld- und Briefkurs eines Wertpapiers an der Börse.

Standard & Poor's 500 (S&P 500)
Der Standard & Poor's 500 (S&P 500) ist ein Index, der den US-amerikanischen Markt widerspiegelt. Zu seiner Berechnung werden die Kurse der 500 größten Aktiengesellschaften der USA herangezogen. Er ist damit ein genaueres Abbild der US-Wirtschaft als der Dow Jones.

Stop Loss

Wertpapierorder, bei der definiert wird, welche Kursschwelle (Stop-Loss-Schwelle) den Verkauf eines Wertpapiers auslöst. Stop-Loss-Orders werden häufig zur Depot-Absicherung empfohlen, eignen sich aber in den wenigsten Fällen. Varianten einer Stop-Loss-Order sind Trailing-Stop-Orders, bei denen die Stop-Loss-Schwelle laufend an steigende Kurse angepasst wird, und Stop-Loss-Limit-Orders, bei denen zugleich ein Mindestverkaufspreis eingegeben wird.

Tagesgeldkonto

Bankkonto zur Geldanlage, das einen handelstäglichen Zugriff erlaubt, ohne allerdings sämtliche Zahlungsfunktionen eines Girokontos zu bieten. Tagesgeldkonten sind meist etwas besser verzinst als Girokonten und geeignet als Geldparkplatz für gegebenenfalls kurzfristig benötigte Notreserven.

Terminkontrakte

Terminkontrakte (englisch: Futures) sind Verträge, in denen der Kauf beziehungsweise Verkauf einer festgelegten Menge an Waren zu einem konkreten Preis und zu einem bestimmten Datum in der Zukunft vereinbart wird. Zu den Terminkontrakten gehören auch die → Optionen, bei denen nur einer von zwei Vertragspartnern das gegebene Verkaufs- oder Kaufversprechen auch erfüllen muss.

Trader

Trader (deutsch: Händler) sind Spekulanten, die kurzfristig Wertpapiere kaufen und verkaufen, um in einem volatilen Umfeld Kursschwankungen auszunutzen.

Value-Investing

Das Value-Investing (»wertorientiertes Investieren«) ist ein Ansatz der → Wertpapieranalyse, der eine Variante der → Fundamentalanalyse darstellt. Value-Investoren investieren in Unternehmen, deren Preis (= Aktienkurs) deutlich unter dem inneren Wert (englisch:

intrinsic value) des Unternehmens liegt. Diese Unternehmen sind in der Regel gekennzeichnet durch ein niedriges → Kurs-Gewinn-Verhältnis und eine überdurchschnittliche → Dividendenrendite. Ziel der Value-Investoren ist es, unterbewertete Unternehmen auszumachen und in diese Unternehmen zu investieren. Die bekanntesten Value-Investoren sind Benjamin Graham, Warren Buffett und Charlie Munger.

Volatilität
Die Volatilität bezeichnet die Standardabweichung einer Aktie (Schwankungsbreite) über einen Betrachtungszeitraum. Anders ausgedrückt heißt das, Aktien mit hoher Volatilität verzeichnen hohe Kursschwankungen.

Wertpapieranalyse
Hierunter wird die systematische Untersuchung des Wertpapiermarkts zusammengefasst. Ergebnis der Wertpapieranalysen sind Kauf-, Halte- und Verkaufsempfehlungen für einzelne Wertpapiere. In der Praxis werden drei Arten der Wertpapieranalyse unterschieden: Die → Fundamentalanalyse untersucht die betriebswirtschaftlichen Kennzahlen eines Unternehmens und entwickelt daraus Handlungsempfehlungen. In der → Chartanalyse werden der bisherige Kursverlauf eines Wertpapiers analysiert und daraus Rückschlüsse für die zukünftige Entwicklung der Aktie gezogen. Die Sentimentanalyse untersucht die Stimmung der Investoren am Markt und leitet daraus Handlungsempfehlungen ab.

Zertifikate
Bestimmte Wertpapiergattung. Zertifikate gehören zu den Derivaten, sprich zu den abgeleiteten Wertpapieren. Ihre Wertentwicklung leitet sich stets vom Kurs eines bestimmten Basiswertes ab, etwa eines Index oder einer Aktie. Wie genau sich der Wert des jeweiligen Zertifikats in Abhängigkeit davon entwickelt, hängt von der Art des Zertifikats ab. Bei Index-Zertifikaten wird er eins zu eins abgebildet, bei

Hebel-Zertifikaten gehebelt oder (bei → Puts) umgekehrt gehebelt. Zertifikate werden meist von Banken herausgegeben, deshalb besteht für deren Inhaber stets ein → Emittentenrisiko.

simplified

Über die Autoren

Rolf Morrien, Jahrgang 1972, studierte in Münster und Wien Geschichte, Wirtschaft und Politik und absolvierte anschließend in Bonn eine Ausbildung zum Wirtschaftsjournalisten. Danach war er Analyst und Redakteur des Dienstes *Aktien-Analyse*. Seit 2002 leitet er als Chefredakteur den Börsendienst *Der Depot-Optimierer*. Der Experte für Value-Aktien hat jüngst im Jahr 2018 drei Bücher über die Börsen-Legenden Warren Buffett, Charlie Munger und Benjamin Graham im FinanzBuch Verlag veröffentlicht.

Judith Engst, Jahrgang 1970, hat nach dem Studium der Forstwissenschaft den MBA (Master of Business Administration) absolviert. Als Wirtschafts- und Finanzjournalistin schreibt sie vorwiegend Ratgebertexte. Sie hat mehrere Bücher zu den Themen Börse, Geldanlage, Recht & Steuern sowie Kommunikation verfasst. Zusätzlich arbeitet sie als Dozentin an der Business School Alb-Schwarzwald. Ihr Ziel: Schwer Verständliches so einfach darzustellen, dass jeder es versteht und idealerweise auch gleich weiß, was zu tun ist.

Das Autorenduo Morrien/Engst hat im FinanzBuch Verlag bereits den Bestseller *Börse leicht verständlich* publiziert.

Risiko- und Money-Management – simplified

Wieland Arlt

Für jeden Trader ist ein professionelles Risiko- und Money-Management unverzichtbar, um Trading-Ergebnisse dauerhaft und nachhaltig zu verbessern. Im Eifer des Tradings wird das oft vernachlässigt. Deshalb stellt Wieland Arlt in seinem Buch einfache Methoden vor, die in der Praxis mit wenig Aufwand umzusetzen sind.

Er erläutert für unterschiedliche Handelsstile verschiedene Konzepte, sodass kurz- und mittelfristig orientierte Trader von der Planung eines Trades bis hin zur Wahl des passenden Finanzproduktes individuell begleitet werden. Wieland Arlt gibt praxisnahe Hinweise und demonstriert, dass ein professionelles Risiko und Money-Management Trading-Erfolg planbar macht.

224 Seiten | Softcover | 14,99 € (D) | 15,50 € (A) | ISBN 978-3-89879-860-0

Die besten Dividenden-Aktien – simplified

Arne Sand, Max Schott

Mit substanzstarken Aktien und nachhaltig attraktiven Dividenden Vermögen sichern –Aktien mit regelmäßigen, hohen Dividenden sind der wichtigste Anlagetrend des nächsten Jahrzehnts. Denn wer in Zeiten von Niedrigstzinsen und unsicheren Bankeinlagen hohe Renditen erzielen will, muss umdenken. An substanzstarken Aktien mit nachhaltig attraktiven Ausschüttungen führt deswegen kein Weg vorbei.
Die beiden renommierten Vermögensverwalter Arne Sand und Max Schott zeigen in ihrem Buch eine systematische Anlagestrategie, die wissenschaftlich fundiert ist und sich über Jahrzehnte bewährt hat. Sie erläutern, auf welche Kennzahlen Sie als Anleger regelmäßig achten sollten. Und sie geben praktische Hinweise für die ersten Schritte hin zum eigenen Dividenden-Depot, der Auswahl und den Kauf von Dividenden-Aktien und den Aufbau des Portfolios sowie dessen Kontrolle und das Risikomanagement.

176 Seiten | Softcover | 14,99 € (D) | 15,50 € (A) | ISBN 978-3-89879-885-3

Die 133 wichtigsten Fragen und Antworten zur Vermögensanlage

Klaus Mühlbauer

Börsenneulinge benötigen ebenso wie erfahrene Geldanlageprofis gezielte Antworten auf ihre persönlichen Fragen. Dr. Klaus Mühlbauer hat seine weitreichenden Erfahrungen in 133 essenziellen Fragen zur erfolgreichen Vermögensanlage zusammengefasst. Er erklärt grundlegende Zusammenhänge für die gewinnbringende Geldanlage und liefert die dazu notwendigen Regeln gleich mit. Ausgewählte Geschichten erleichtern das Verständnis für komplexe Themen.
Anfänger machen so die wichtigen ersten Schritte zum Einstieg in die erfolgreiche Vermögensanlage. Fortgeschrittene arbeiten sich in weiterführende Themen ein.

288 Seiten | Softcover | 14,99 € (D) | 15,50 € (A) | ISBN 978-3-95972-204-9

Besser mit Behavioral Finance

Raimund Schriek

Warum verkauft die Mehrzahl der Marktteilnehmer Gewinneraktien, wohingegen sie an Verliereraktien festhalten? Wieso haben viele Trader Schwierigkeiten beim Umgang mit Verlusten? Welche Rolle spielen Gier und Angst an der Börse? Warum steigen Aktien weiter, die fundamental überbewertet sind? Antworten auf diese und weitere Fragen liefert die Behavioral Finance. Wahrnehmung und Informationsverarbeitung bestimmen Ihr Entscheidungsverhalten. Die Bewegungen der Märkte spiegeln den Umgang privater und institutioneller Marktteilnehmer mit Finanzinformationen wider. Dabei spielen vor allem systematische Fehler eine Rolle, denen Trader und Anleger in Entscheidungssituationen bei Unsicherheit unterliegen. Wer oder was verhindert Ihren Börsenerfolg? Letztlich sind Sie es, denn die Gründe liegen in der menschlichen Sehnsucht nach Harmonie, Sicherheit und Kontrolle. *Behavioral Finance* zeigt Ihnen, wie Sie diese Sehnsüchte hinter sich lassen, Ihre Persönlichkeitsentwicklung vorantreiben und damit die Grundlagen für langfristige Börsenerfolge legen.

192 Seiten | Softcover | 14,99 € (D) | 15,50 € (A) | ISBN 978-3-89879-393-3